BENITO MUSSOLINI

BENITO MUSSOLINI

por Roberto Mares

Grupo Editorial Tomo, S.A. de C.V.
Nicolás San Juan 1043
03100 México, D.F.

1a. edición, octubre 2003.
2a. edición, febrero 2005.

Nicolás San Juan 1043, Col. Del Valle
03100 México, D.F.
Tels. 5575-6615, 5575-8701 y 5575-0186
Fax. 5575-6695
http://www.grupotomo.com.mx
ISBN: 970-666-867-5
Miembro de la Cámara Nacional
de la Industria Editorial No 2961

Proyecto: Roberto Mares
Diseño de Portada: Trilce Romero
Formación Tipográfica: Servicios Editoriales Aguirre, S.C.
Supervisor de producción: Leonardo Figueroa

Impreso en México - *Printed in Mexico*

Contenido

Prólogo

Entre sus muchas expresiones de escandaloso humor, Benito Mussolini escribió su propio epitafio: *Yacen aquí los restos de uno de los animales más inteligentes que han aparecido en la superficie de la tierra.*

Si leemos esta frase con rapidez, como si estuviéramos leyendo el periódico, es probable que la interpretemos como: "Aquí yacen los restos de *Benito Mussolini,* uno de los animales más inteligentes que han aparecido en la superficie de la tierra".

Pero si leemos despacio, palabra por palabra, entenderemos que dice: "Aquí yacen los restos de *un ser humano,* de los animales, el más inteligente que ha aparecido en la superficie de la tierra".

Una interpretación semántica de la frase nos dice que el significado correcto es el segundo; pero en una visión psicológica, atendiendo a quien la escribió, tendríamos que entender el epitafio en el primer sentido. Como si dijera: "Yo soy un animal, y el animal más inteligente que ha existido. Esa ambigüedad no se deduce de la frase en sí misma, sino de la compleja y retorcida personalidad de Benito Mussolini, a quien realmente se le pudiera calificar como uno de los hombres más "inteligentes" que han existido, o por lo menos de los que se tiene noticia histórica, pero habría que tomar del propio epitafio la noción de inteligencia que maneja Benito, como una forma de "animalidad", lo que no resulta degradante, pero sí esclarecedor, por lo menos en el caso de Benito, cuya inteligencia pudiera ser equivalente a la de un perro de raza fina, o a la de un chimpancé bien entrenado; por lo menos *en cualidad*, aunque no en cantidad, porque Benito fue un animal infinitamente más habilidoso y complejo, mucho más *listo* que cualquiera, con una memoria prodigiosa y una capacidad de cálculo fuera de lo común.

Benito era un hombre totalmente centrado en sí mismo, capaz de ver al mundo, a las personas y las cosas como parte de ese "sí mismo", de manera que la utilización de todo lo externo para fines personales era algo perfectamente lógico para él. Benito nunca se permitió caer en la tentación de tomar en cuenta las necesidades o sentimientos de los demás para sus propias decisiones o la realización de sus objetivos, aunque probablemente no era capaz de hacerlo, pues en un tipo de inteligencia como la de Benito no existe una programación que se llame "empatía", y por tanto las personas son percibidas como objetos, sin mayores complicaciones emocionales; y tampoco existe un programa que se llame "moral" o "ética", que pudiera limitar la eficacia de la acción, en la certera búsqueda de la autogratificación, la riqueza o el poder.

La inteligencia de Benito era de acción pura, directa, incondicionada, *un acto de voluntad convertido en acción*, como él mismo decía, sin que medie entre el querer y el hacer más discernimiento que el de la conveniencia o inconveniencia clara y evidente, en función de los objetivos del momento o los de largo plazo.

La inteligencia de Benito se proyectaba en una personalidad fuerte, agresiva, firme, segura, sin tensiones ni contradicciones que pudieran notarse en su cuerpo o en su palabra. Su mirada era fija y enigmática, como la de aquella lechuza que él tenía en su cama cuando niño y que lo fascinaba con los grandes círculos dorados de sus ojos. Benito también era fascinante para los demás, se paraba delante de las masas y las hipnotizaba con sus gestos y ademanes, pero aquellas masas también lo hipnotizaban a él, produciéndole una sensación de grandeza que llenaba completamente el espacio de su mente.

El tipo de inteligencia de Benito se manifestaba en una gran permeabilidad a toda idea o actitud que pudiera serle útil, él era un ser *mimético*, asimilaba todo lo que recibía y lo incorporaba a su propia persona de una manera profunda, determinante. Su inteligencia era como la de un niño, con una enorme capacidad de recepción y fijación de datos, pero muy escasa reflexión. Podría decirse que Benito era uno de esos seres que nunca maduran, él siempre pensó sintió y actuó como el niño que fue, siguió jugando con la vida de la misma manera que lo hacía en su infancia, de hecho, nunca cambió de juego, cuando organizó la primera banda de chiquillos en su pueblo, y vio que todos lo obedecían, inventó el fascismo y nació en él la imagen del *Duce*.

En pocas palabras, la inteligencia de Benito era la de un *sociópata* común y corriente, una de esas personas en las que prevalece la animalidad y no se desarrolla nunca aquella otra *cualidad* que nos hace realmente distintos a los demás animales: la ética, la conciencia moral.

Benito no tenía la culpa de ser como era, su tipo de inteligencia es un fenómeno neurológico... ¿Habría que culpar entonces a los niños de su pueblo, que lo aceptaron como líder y se dejaron conducir al huerto ajeno para robarse las manzanas?..., ¿habría que culpar al pueblo italiano que gritaba *¡Duce, Duce!* mientras levantaba el brazo al estilo romano?..., ¿habría que culpar a los grandes terratenientes, a los industriales, a los banqueros?..., ¿habría que culpar al rey, al Papa, a los militares?...

En este libro tendremos oportunidad de penetrar en los recovecos de la personalidad de Benito Mussolini y de las circunstancias que lo llevaron al poder, lo que seguramente no será suficiente para responder a las preguntas de arriba, pero sí para planteárnoslas con claridad y de una manera más fundamentada, lo que ya es bastante; el querer entender a fondo un fenómeno tan complejo a partir de la lectura de este libro sería un propósito ingenuo y hasta enfermizo, una especie de fascismo intelectual.

Roberto Mares

1

Las fuentes del poder

Uno de los temas fundamentales para la comprensión del siglo XX es, sin duda, el fascismo italiano. Se trata de un fenómeno de gran importancia histórica, no sólo para Italia o Europa, sino para el mundo entero. Su radicación exitosa en Italia representa el origen de un movimiento político que extiende sus ramas hacia todas partes, tomando diferentes nombres y tendencias, pero siendo el mismo en esencia. Su crecimiento en Italia tiene sus raíces en un complejo histórico que va más allá de la primera guerra mundial, e incluso de los inicios del siglo XX. Para reconocer esta tendencia al autoritarismo que surge en Italia al finalizar la Primera Guerra Mundial, es necesario evocar la tardía unificación de Italia, que comienza en 1859 y no termina sino hasta 1918, con la incorporación de Trento y Trieste.

Por otro lado, también tendríamos que evocar el escaso desarrollo industrial y la lenta modernización del país, además de las múltiples nacionalidades regionales, con diversas lenguas y tradiciones que conformaban este país.

La búsqueda de la unificación de Italia fue el tema político central desde el Renacimiento; pero se convierte en una verdadera obsesión en 1861, cuando se establece un sistema centralista rígido, paternalista y monárquico, pero ya con características parlamentarias y una incipiente democracia, pues en los primeros tiempos de la unidad italiana, solamente tenía derecho a voto el dos por ciento de la población. Sin embargo, éste era el modelo político que tendía a prevalecer en las condiciones de precario crecimiento económico con base en liberalismo capitalista, instaurado en la década de 1880-90 y que pretendía la modernización de Italia, buscando reconvertir la economía, desde una base agrícola a una industrial, en virtud del manifiesto atraso con el resto de Europa, de la pobreza generalizada e incluso de la pérdida de una buena parte de su población, sobre todo la económicamente activa, que a principios del siglo XX emigraba en forma masiva, sobre todo a los Estados Unidos.

De 1900 a 1914, se vivió en Italia la llamada "época giolittiana", por la figura políticamente dominante de Giovanni Giolitti, quien ejerció un poder también autoritario y de reacción ante el socialismo naciente, centrado en el modelo económico liberal, que resulta un tremendo fracaso. En 1915, Italia entra en la guerra en las peores condiciones económicas, por lo que se establece una situación de crisis política que se agrava al final del conflicto.

El fascismo fue una forma peculiar de superación de esa crisis italiana, aunque por la vía del autoritarismo a ultranza, sin que con ello se llegara a romper con el conservadurismo ni con la naciente democracia italiana, lo que pudiera parecer paradójico en principio, pero no lo es tanto si al pasar a las siguientes páginas nos vamos adentrando en la mentalidad italiana de aquella época, y sobre todo en la de Benito Mussolini, quien fue uno de los creadores, y el máximo sustento de este sistema sociopolítico.

2

El origen

Benito Amilcare Andrea Mussolini Maltoni, nace en el pueblo de Dovia, en la provincia de Forlí, en 1883. Su padre, Alessandro Mussolini, era un obrero de tendencias anarquistas, lo que explica la elección de los tres nombres, todos de luchadores sociales admirados en la época: Benito Juárez, el gran liberal mexicano, Amilcare Cipriani y Andrea Costa, dos figuras veneradas del movimiento socialista italiano. La madre, llamada Rosa Maltoni, era una maestra de la escuela elemental y católica devota, por lo que Benito fue bautizado en el ritual católico, a instancias de la madre, a pesar de que los nombres que se le impusieron en la pila bautismal eran precisamente de personajes reconocidos como anticlericales.

Los Mussolini eran pobres, el trabajo de herrero del padre dejaba exiguos ingresos, además de que su pasión política y su militancia en los grupos socialistas le ocupaban más tiempo del que hubiera sido prudente. Rosa, la madre, recibía su sueldo regularmente, pero la paga de los maestros era muy escasa. La situación vino a agravarse con el nacimiento del segundo hijo, Arnaldo, en 1885, y más aún cuando, en 1888, nació una niña, Eduvige.

Ya en sus épocas de triunfo, Mussolini hacía alarde de su origen, describiendo su infancia paupérrima, cuando vivía con su familia en un viejo caserón de tres recámaras, con los muros cubiertos de musgo y que rezumaban humedad. La casa había conocido mejores épocas, pues era conocida por el ostentoso nombre de *Palazzo Verano.* Rosa tenía su escuela en una de las habitaciones, y durante las vacaciones de verano la escuela se convertía en granero.

La pobreza, si bien no era exclusiva de los Mussolini, produjo en la familia un efecto especial, pues el origen de Rosa era de clase media o "pequeñoburguesa", lo que indica una ideología conservadora y ciertas tradiciones burguesas que contrastaban severamente con la tendencia izquierdista de Alessandro.

Durante su primera infancia, su madre lo llevaba con regularidad a la iglesia de San Casiano; en cambio, su padre lo mantenía en la herrería, o lo llevaba a la taberna del pueblo, donde se reunía con sus compañeros socialistas. En la iglesia, el niño se encantaba con la liturgia, los símbolos religiosos y la atmósfera de solemnidad; aunque por alguna razón se sentía inquieto, y ocasionalmente llegó a desmayarse durante la misa.

En el taller ayudaba a manejar el fuelle y se iba empapando de las ideas revolucionarias del padre: *El socialismo* —le decía— *representa una rebelión abierta y violenta contra el inhumano estado actual de cosas. Es el saber y la luz del mundo. Es la justicia en un mundo injusto, es un pacto establecido libremente entre todos los hombres... No creas a los curas y a los burgueses cuando te digan que los socialistas son unos visionarios que sólo quieren robar los bienes ajenos y que merecen ser encarcelados o ahorcados.*

Tal vez aquella contradicción familiar marca el carácter de Benito en los primeros años, siendo a la vez un niño taciturno y violento, irregular en los estudios, de gran inteligencia y en extremo rebelde, tanto que es expulsado de varias escuelas, algunas de ellas religiosas. Era claro para todos que Benito era prácticamente "ineducable". Solía recorrer la comarca solo o aislado entre sus compañeros de juego, para trepar a los árboles y recoger fruta o nidos de pájaros.

Había domesticado una lechuza que permanecía en la cabecera de su cama, de lo que alguna vez escribió que, al despertarse en medio de la noche se sentía tranquilo al ver la fijeza de aquellos dos círculos dorados en la oscuridad.

Durante toda su vida, Mussolini fue un ser entregado a la actividad, un verdadero teórico de la acción, lo que siempre fue para él más importante que el pensamiento.

> *No puedo comprender* —escribió recordando su niñez— *por qué hay que meditar tanto antes de actuar... En aquellos años infantiles, como ahora; a decir verdad, mi jornada solía empezar y terminar con un acto de voluntad convertido en acción.*

La necesidad de acción era algo intrínseco en su naturaleza, y es el patrón básico que se estableció en su niñez: para él la acción era sinónimo de violencia. Cuando niño, Benito era el líder indiscutible de bandas que él mismo organizaba para cometer tropelías en la comarca. En su primera juventud, la acción era la expresión mística de la indefinida tendencia a la rebeldía heredada de su padre, el efecto de aquellos viejos rencores y el instrumento con el que podía realizar sus ambiciones. Su culto a la acción contribuyó a crear la leyenda de Mussolini como un hombre de extraordinario vigor. Pero durante toda su vida, aquella necesidad de acción pareció hallar una válvula de escape más satisfactoria en la palabra que en la obra, y cuando se veía enfrentado con la inminente necesidad de actuar, siempre vacilaba, se echaba atrás y dejaba escapar la oportunidad. Él se hacía llamar "el hombre de las barricadas", pero siempre prefirió enviar a otros en vez de acudir él mismo; durante toda su vida apenas se encuentra una acción que pueda considerarse de auténtica valentía.

Finalmente, logra obtener el diploma de estudios magisteriales en 1901. En ese mismo año, pronuncia su primer discurso y su nombre aparece por primera vez en la prensa. Pocos meses antes de obtener su título de maestro, el director de su escuela organizó un acto de conmemoración de la muerte del gran compositor Giuseppe Verdi. Benito pidió participar como orador; pero en su discurso destacó solamente las actividades políticas de Verdi, invocando los sentimiento filantrópicos del músico y su identificación con el pueblo, además de su afinidad con el movimiento socialista. Benito convirtió aquella conmemoración en un acto político.

Al día siguiente, el órgano oficial del Partido Socialista, *¡Avanti!*, publicó esta nota: *Anoche, en el Teatro Cívico, el camarada estudiante Benito Mussolini conmemoró la muerte del "Cisne de Busseto", pronunciando un discurso que fue muy aplaudido.*

Dada la situación económica familiar y las dificultades de encontrar un trabajo estable en su región, en 1902 emigra a Suiza, donde desempeña toda clase de trabajos manuales para ganarse la vida y comienza frecuentar grupos socialistas, dando rienda suelta a su necesidad de acción a través del activismo revolucionario, incitando a la lucha de clases y al uso de la violencia, lanzando ataques en contra de todos los símbolos de la autoridad establecida, desde los monarcas hasta la policía. Un buen ejemplo de esta tónica suya se encuentra en un panfleto escrito por él en agosto de 1902:

> *Nosotros no tenemos fórmulas. Confiamos únicamente en que nuestro partido adopte de nuevo sus antiguos métodos de lucha, en vez de rebajarse a aceptar pactos y compromisos.*

También desde Suiza, en 1903, escribe un artículo para el diario socialista de Nueva York, *Proletario*, criticando severamente la monarquía europea, tildando a los reyes de ineptos y retardatarios:

> *Su inteligencia apenas les alcanza para firmar decretos. Su carrera militar, la educación que por lo general les han dado*

los jesuitas, el estúpido protocolo cortesano, terminan por deteriorarles el cerebro, despojándolo de sus poderes mentales y capacidad de raciocinio. Todos ellos detestan el progreso... porque se ven obligados a soportarlo. Si mediante un decreto pudiesen conseguirlo, harían retroceder a la humanidad a las épocas del absolutismo y la barbarie.

En otro de sus artículos desde Suiza arremete contra los militares:

Somos nosotros mismos quienes engordamos la bestia cuando con nuestra estúpida resignación pagamos los impuestos destinados a mantenerla; son los hijos de los proletarios los que llenan los cuarteles y nuestro desmedido orgullo da nuevos alientos al patriotismo. En lugar de rascar la epidermis aterciopelada de los militares profesionales, existe un medio infalible de destruir la infamia que representa el militarismo: la deserción.

Todo esto lo escribió el que habría de ser el hombre de confianza del rey de Italia, el gran militar y gobernante absolutista.

En 1904 regresa a Italia y se abre paso como periodista, básicamente identificado con las publicaciones de la izquierda italiana, participando también en política. En esa época comienza a ser admirado en el ambiente socialista por su gran capacidad oratoria y reconocido como un gran agitador político y teórico de la acción directa. La cultura académica de Mussolini era muy limitada en aquella época, pero no así su inteligencia: aprende con facilidad el francés y el alemán y dirige algunas publicaciones socialistas en la provincia austriaca de Trentino; dirige también un semanario político llamado *La Lucha de Clases*. En aquella época escribe una noveleta anticlerical que titula *Claudia Particella*, además de un opúsculo titulado *L'uomo e la Divinitá (El hombre y la divinidad)*, en el que se lee lo siguiente:

Cuando Locke, con su método introspectivo, inició la psicología experimental, se reconoció que el alma es el producto de los órganos centrales de nuestro sistema nervioso... un simple resultado del trabajo laborioso de las células cerebrales... así como el movimiento interno de un reloj da por resultado la división de las horas y la medición del tiempo. La excitación de estas células origina su modificación química en un proceso cuyas leyes conocemos... El alma "producto del cerebro" explica muchos fenómenos que no se entienden considerando al alma "partícula de la esencia divina".

Después de "demostrar" que el alma no es esencia divina, Mussolini pasa a demostrar que Dios no existe y además de que no es un concepto necesario, que la ética religiosa es inmoral y autoritaria, haciendo caer al hombre, humillado, al nivel de la animalidad, y atrofiando sus facultades de raciocinio.

Ésta fue la primera obra que publicó Mussolini; se trata de un pequeño opúsculo de unas sesenta páginas, que escribió a los 21 años. Ya en la época fascista, una comisión especial se dedicó a rastrear los ejemplares de esta obra con el fin de destruirlos y borrar su recuerdo por todos los medios. Ninguno de los biógrafos oficiales del fascismo mencionan este libro. Pero en 1924 fue reeditado en Nueva York, por cuenta de la Biblioteca Social Italiana, con el fin de desprestigiar al dictador. En 1929 volvieron a rastrearse las copias, ahora en los Estados Unidos, con el fin de no entorpecer los acuerdos entre la Iglesia Católica y el fascismo en el poder.

A principios de 1905, Benito Mussolini ingresa como soldado raso en el ejército, pero a las pocas semanas tuvo que pedir una licencia para acudir al sepelio de su madre, Rosa Maltoni, quien murió el 19 de febrero de 1905. Después de los funerales, Mussolini escribe una carta al capitán de su batallón para solicitarle una prórroga de su licencia; por ser esta carta de gran interés para evaluar el carácter de Mussolini, nos permitimos transcribirla casi en su totalidad:

Mi honorabilísimo capitán:
Entre las docenas de cartas de pésame que he recibido estos días, la mayoría serán quemadas, pues se limitan a repetir las frases trilladas que son de rigor en estas ocasiones; pero conservaré la suya, mi capitán, entre mis más queridos recuerdos personales. Como usted dice, en efecto, lo mejor que puedo hacer es seguir los consejos de mi madre y reverenciar su memoria cumpliendo mis deberes de soldado y ciudadano.
El llanto y la aflicción son más propios de mujeres; los hombres fuertes deben sufrir y morir en silencio antes que llorar; esforzarse por escalar el empinado sendero de la virtud, rindiendo culto al recuerdo de los muertos y a aquellos otros, más sagrados aún, de la patria, no con estériles lamentaciones, sino con grandes hechos. En estos momentos es más oportuno que nunca recordar la figura de los héroes que consolidaron la unidad de nuestra patria con su sangre generosa, pero aun será preferible que nos esforcemos por ser sus dignos descendientes, evitando que jamás se nos pueda llamar cobardes. ¡No! Antes opondremos con nuestros pechos una muralla a los bárbaros del Norte, llegado el caso de que estos quisieran reducir a Italia a una "expresión geográfica". Estos son mis verdaderos sentimientos. Le ruego que acepte, mi capitán, mis más respetuosos saludos.

En 1911, y a consecuencia de unos disturbios en los que había participado junto con sus compañeros de partido, Mussolini es aprehendido y encarcelado en la ciudad de Forlí, en la famosa prisión conocida como la *Rocca di Caterina Sforza.*

Durante los cinco meses que duró su cautiverio, casi todos los días iba a visitarlo una jovencita rubia, bajita y rolliza que se llamaba Raquel Guidi, quien era de origen campesino y que resultó ser su esposa, pues había contraído matrimonio civil con ella unos meses antes, aunque en las audiencias había declarado ser soltero. Benito la había conocido cuando aún era niña y asistía a la escuela de su madre. Raquel pertenecía a una familia muy pobre, por lo que desde los siete años tuvo que dejar la escuela para entrar al servicio doméstico.

Benito y Raquel habían dejado de verse desde los días escolares, volvieron a encontrarse en Forlí cuando ella tenía dieciséis años; pero la vida errante de Mussolini volvió a separarlos hasta que, en enero de 1910, se fueron a vivir juntos, y en septiembre nació Edda, la primera de cinco hijos. Durante la época en que Mussolini estuvo encarcelado, Edda apenas tenía un año; su madre la llevaba en brazos para que viera a su padre en la Rocca.

Este periodo de estancia forzada en la prisión fue crucial en la vida de Mussolini, es muy probable que ahí se hayan establecido los lineamientos de lo que sería su personalidad definitiva, en virtud de un encuentro con su propia naturaleza y la adquisición de una filosofía de vida personal y de proyección política.

Por una especie de azar histórico, el ocio carcelario llevó a Mussolini a la lectura voraz, encontrando en su camino a los dos pensadores que se convertirían en sus guías espirituales. En primera instancia encontró a Max Stirner, un filósofo alemán que era exponente de una forma de anarquismo que él mismo definía como "individualista", por lo que se decía que él "predicaba el egoísmo en su grado más absoluto y lógico". En su libro *El Yo y su autenticidad* (*Der Eizenger und sein Eigentum*), Stirner rechazaba todo aquello que pudiese limitar lo individual y la expresión del Yo, como algo totalmente auténtico y único, fuera de lo cual nada existe.

Para todos los filósofos del egoísmo, como el propio Mussolini observó una vez, "el Estado es la opresión organizada en detrimento del individuo". Por consiguiente, Stirner abogaba por la revolución total contra el Estado, liberando al individuo de todo vínculo social, moral e incluso lógico, y procurar la realización de la supremacía incondicional del Yo, que lo explota todo para su propio goce con el más completo amoralismo.

Mussolini encontró en las obras de Stirner, la excusa y el aliento que necesitaba para satisfacer sus ambiciones sin caer en la tentación de tomar en cuenta sus efectos sobre los demás. La falta de respeto demostrada por Mussolini ante los principios religiosos, sociales o éticos, pudiera provenir de la influencia de Stirner.

Más tarde, en el periodo de desilusión y desorientación general que siguieron a la guerra de 1914-18, en la que los antiguos ideales demostraron su incapacidad y las viejas instituciones se desmoronaron, Mussolini volvió conscientemente a Stirner y escribió lo siguiente:

> *Abramos paso a las fuerzas elementales de los individuos, pues no existe ninguna realidad humana excepto la individual. ¡Qué impide que Stirner se ponga nuevamente de moda?... Volvamos a lo individual. Apoyaremos todo cuanto exalta y amplifica al individuo, todo cuanto le dé mayor libertad, mayor bienestar y mayor amplitud de vida; lucharemos contra todo aquello que rebaja y mortifica al individuo.*

Aunque la ideología de Stirner permaneció para siempre en la mente de Mussolini, ningún héroe ni predicador caló tan hondo en su persona como el otro filósofo con el que se encontró en la prisión de Rocca: Friedrich Nietzsche.

El propio Nietzsche hubiera sido el primero en sorprenderse de haber sabido la clase de seguidores que le saldrían en aquellos momentos de la historia de Europa y del mundo. Fueron precisamente aquellos más despreciados por Nietzsche: los demagogos, sobre todo los dos más grandes dictadores de Europa, los que hallaron justificación para sus proyectos perversos en el pensamiento del infortunado pensador alemán.

Nietzsche ejerció idéntica fascinación sobre el joven socialista que sobre el *Duce*, dictador absoluto de Italia fascista. Hacia el final de su vida, Mussolini continuaba siendo admirador de Nietzsche, empleaba el lenguaje y las imágenes del filósofo y se esforzaba por encarnar sus creaciones.

Por supuesto, lo que más impresionó a Mussolini fue la concepción Nitzscheana del "superhombre", el "guerrero implacable y prudente", que contrastaba con el hombre actual, víctima de veinte siglos de cristianismo. El siguiente párrafo no lo escribió Nietzsche, sino Benito Mussolini:

> *... Surgirá una nueva especie de "espíritus libres", fortificados en la guerra, en la soledad y en el peligro, que conocen el viento, el hielo y la nieve de las altas cumbres; y podrán medir con mirada tranquila toda la profundidad del abismo... Espíritus dotados de una sublime perversidad... Espíritus que nos liberarán del amor al prójimo, del deseo de desaparecer... que triunfarán sobre Dios y la nada... "¡Nada es verdad, todo está permitido!", será el lema de esta nueva generación. La apoteosis del egoísmo: he aquí la obra a la cual consagrarán todas sus energías los "auténticos espíritus libres". El superhombre escupe a la cara de todos los hábitos serviles. Llama ha dicho: mortifícate... renuncia. El superhombre Nietzscheano, en cambio, desea conquistas... Nietzsche quiere enseñar a los hombres la alegría, el arte de reír, el arte de bailar con pie ligero.*
>
> *El superhombre posee la* voluntad de poder *que infunde un propósito a la vida. ¡Crear! He aquí la gran redención del dolor y de la vida muelle... Nietzsche enseña que debemos empujar lo que ya está a punto de caer. Debemos empujar al que sea incapaz de aprender a volar, para hacerlo caer antes. El superhombre luchará contra Dios y las gentes vulgares, que con sus pequeñas virtudes desconocen lo grande, altivo y genuino. Pero el superhombre triunfará sobre las gentes vulgares y sobre Dios, imponiendo su voluntad leonina sobre todos. El superhombre –concluía Mussolini– es un símbolo; es la comprensión de nuestra debilidad y, al propio tiempo, la esperanza de nuestra redención. Es el crepúsculo del alba. Es ante todo un himno a la vida, una vida vivida con*

todas las energías de una tensión continuada hacia algo más alto, más hermoso, más tentador.

De 1912 a 1914, Mussolini se destaca como activista y orador en el ala radical del Partido Socialista Italiano y dirige el diario socialista *l'Avanti*. Durante este periodo es uno de los principales impulsores de la iniciativa de expulsión de los reformistas del seno del Partido Socialista.

Desde 1911, y durante su militancia revolucionaria, Mussolini se declara internacionalista y se opone a la guerra de intervención que emprendió el gobierno italiano. Pero, de una manera paulatina, desde 1912 su posición política va cambiando, y de ser un radical internacionalista se convierte en un furibundo nacionalista; ya para 1914 se declara partidario del intervencionismo italiano en África y se adhiere a ciertos grupos de orientación socialista, pero de formación heterogénea y sin una ideología definida a los que llamaban *fascies.*

3

El nacimiento del fascismo

En la actualidad, la palabra *fascismo* se emplea para designar una cierta tendencia ideológica u orientación política hacia el autoritarismo asociado a la "derecha". Sin embargo, el auténtico "fascismo", es un fenómeno propio de la cultura italiana y difícilmente podría reducirse a propuestas tan claras, como podrían ser "conservadurismo", "socialismo", o incluso "radicalismo", o "democracia".

Por el momento en que nació esta corriente, no se le podría considerar un "istmo", lo que hubiera indicado por lo menos una base teórica, una filosofía social. En su origen, esta palabra no contenía un mensaje preciso, sino más bien un estado de ánimo y una forma de acción.

La palabra se deriva de *fascio,* que en principio debe entenderse como "banda", o sea, un grupo de personas que se reúnen para ejercer una posición de fuerza; se trataría de "grupos de choque", en los que pudieran reunirse personas de diferentes ideologías, pero coincidentes en un objetivo común y ciertamente dispuestos a hacer valer sus puntos de vista de una manera violenta, por la vía de los hechos, y no del juego democrático o del convencimiento ideológico.

La interpretación del término fue cambiando en función de los acontecimientos y se le fue dando una connotación poética, asociando el término a la "fascies", que era el símbolo romano de la República, consistente en un atado de varas, que representaba la unidad en la diversidad; de ahí que el fascismo, en sus tiempos de gloria, se haya identificado con la iconografía del Imperio Romano, del que se consideraba heredero o restaurador.

Sin embargo, las *fascies* que se invocaban en los momentos de formación del movimiento eran un fenómeno reciente, apenas de finales del siglo XIX, cuando comenzaron a aparecer las *fascies* sicilianas, que eran grupos clandestinos de obreros de orientación socialista. El modelo de las "bandas de acción" se fue generalizando en toda Italia, especialmente durante la guerra, como formas de política alternativa y circunstancial.

De hecho, Mussolini ya era partidario de las *fascies* desde su posición de izquierda, pues él siempre propuso la acción directa con el fin de lograr posiciones políticas de manera rápida y contundente. En 1914 él no cambia su posición respecto de los procedimientos, pero sí en cuanto a la finalidad de ellos. Ahora ya no defiende el internacionalismo socialista ni la neutralidad en la guerra mundial, ni la no intervención en Libia, sino todo lo contrario: ahora ve en el nacionalismo y en la guerra una vía de acción para el surgimiento de Italia y no solamente para el bienestar de los trabajadores. Este cambio de actitud provocó su expulsión del Partido Socialista Italiano. Pero Mussolini siguió trabajando políticamente con gran intensidad, ahora con su nueva orientación. En 1914, con dinero francés y financiamiento de los industriales, Mussolini funda, en Milán, un diario llamado *Il Popolo d'Italia* (*El pueblo de Italia*), mismo que se distingue por su clara posición belicista.

Este giro ideológico fue una sorpresa para todos sus compañeros, aunque resulta perfectamente congruente con esa especie de autodescubrimiento que representó la incorporación, en su más profunda intimidad, de las ideas de Stirner y de Nietzsche. Por otro lado, sus relaciones personales también tuvieron que dar un vuelco, perdió a todos sus camaradas y a sus más preciadas amantes; Angélica Balabanoff y Leda Raffanelli, quedándole únicamente Margherita Sarfatti, quien siguió siendo su amiga predilecta por más de veinte años, siendo ésta la relación más larga que tuvo con una mujer, exceptuando a su esposa Raquel. Aunque con el tiempo se consideró su "amiga oficial", no fue sólo el amor lo que lo unía a ella. Esta atracción también se debió al hecho de que era la única mujer con la que logró una intimidad de pensamiento y la suficiente confianza para demostrar sus sentimientos. Ella era una mujer inteligente y refinada, por lo que se convirtió en una especie de "mentora social" de Benito, ayudándolo a moderar sus arranques de ira y modelando sus toscos modales de campesino, hasta convertirlo en un ser perfectamente presentable en las altas esferas de la sociedad.

En una entrevista muy posterior, Margherita Sarfatti afirmó que su tarea no le había resultado difícil; Mussolini, en su opinión, confirmada por otros, poseía dotes prodigiosas de asimilación. Bastaba con que ella mencionara una idea casualmente o hiciese una sugerencia para que aquello causara una impresión visible en Mussolini, quien era como una tierra extraordinariamente fértil.

Durante la época fascista ella dirigió la revista *Gerarchia,* en la cual el propio Mussolini colaboraba con artículos que él consideraba como el fruto de sus más profundas reflexiones.

Mussolini puso fin a sus relaciones con Margherita en 1930. En esa época ella había dejado de ser joven y Mussolini, quien entonces se encontraba en la cúspide del poder, debió pensar que ya no necesitaba más de sus consejos.

De ahí al final de la guerra, Mussolini no se distinguió más que como un aventurero político y un periodista resentido con sus ex compañeros de partido, buscando solamente canalizar el odio de la población hacia el liberalismo y la democracia, lo que era, desde su punto de vista, la causa de la miseria de Italia.

Es en marzo de 1919 cuando la orientación política de Mussolini se convierte en un movimiento estructurado, pues en esa fecha se crea un grupo, apoyado por los industriales milaneses, al que se le da el nombre de *Fasci di combattimento* (banda de combate). En aquella reunión Mussolini declara, con sorna, que el nombre del grupo estaba contenido en su programa. Aunque, en junio del mismo año, se publica un "programa" político del grupo, ese programa era en realidad totalmente anodino, pues contenía una serie de reivindicaciones que eran comunes en todos los partidos y grupos democráticos, republicanos y socialistas: sufragio universal con extensión del voto a las mujeres, representatividad proporcional en el parlamento, jornada laboral de ocho horas, impuestos extraordinarios y progresivos al capital. Sin embargo, junto a estos "lugares comunes", se presentaban dos iniciativas que en principio parecían poco trascendentes, pero que llegarían a definir la postura fascista: la constitución de una "milicia nacional", independiente del ejército regular, y la implantación de una política exterior "capaz de producir una revaloración de la nación italiana en el mundo entero".

Pero, dada su verdadera naturaleza, ningún programa definía mejor el fascismo que sus acciones directas. En enero de 1919, Mussolini , al frente de una *fascie* de intelectuales que se decían "futuristas" y de un grupo de choque pagado por sus partidarios, impide por la fuerza un discurso de Leonida Bissolati, ex socialista y ministro durante la guerra, acusándolo de mantener una política exterior débil y "entreguista". En abril del siguiente año, la misma fuerza fascista asaltó y devastó la sede del órgano socialista *Avanti*, en Milán.

Es entonces la violencia, lo que caracteriza las primeras acciones políticas de los fascistas, pues a finales de 1919 el recién creado Partido Fascista, no tenía el menor éxito electoral. En las elecciones generales de ese año, los fascistas obtuvieron solamente 4000 votos, y por supuesto ninguna diputación. En esos momentos, en toda Italia existían solamente 31 *fascies*, con 870 inscritos; en algunas localidades, la *fascie* contaba solamente con un sólo miembro: su fundador.

La fuerza y la retórica de exaltación de los valores patrióticos no fueron suficientes para que los fascistas pudieran abrirse un espacio político durante los años 1919-1920, que fue una temporada de auge socialista, por lo que se le llamó el "*bienio* rojo", pero que fue caracterizado por la indefinición económica y política, por lo que las masas perdieron rápidamente la esperanza en los programas de la izquierda y el camino quedó abierto para la opción de fuerza, para el fascismo.

En esos momentos, solamente existían *fascies* de cierta importancia en las ciudades de Milán y Trieste; en general, el movimiento se fue desarrollando solamente en el ámbito urbano, aglutinando a los resentidos sociales de todos los partidos y tendencias, pues en este camino de la acción directa no se les pedía propiamente una ideología en especial o una exclusividad de opción partidista; los miembros de las *fascies* podían pertenecer a otros partidos y ser activos en ellos; muchos fascistas, en estos primeros momentos de formación, eran de origen masónico o socialistas moderados que encontraban en las *fascies* una instancia coyuntural en la que podían actuar y observar resultados concretos y a corto plazo, lo que resultaba satisfactorio para ellos, independientemente de la ideología, pues la mayoría de los primeros adeptos a la acción fascista eran gente de clase media urbana.

A fines de 1920, las *fascies* habían aumentado considerablemente en las ciudades, concentrando en especial a los grupos liberales, que en ese momento luchaban en contra de la preeminencia de los socialistas en el gobierno y también contra el acceso al poder de los grupos católicos reaccionarios. Esta posición de los "pequeños burgueses", de índole totalmente pragmática, fue el terreno de lucha en las ciudades, y fue extendiéndose al campo, provocando una fuerte reacción en contra de las administraciones socialistas, lo que llegó a convertirse en un terreno de lucha privilegiado para los fascistas, que se desplazaban de las ciudades a las provincias, para crear *fascies* que podían obtener rápidamente el control político en pequeñas poblaciones, siempre por la vía de la fuerza, pero ahora con una organización de apoyo que partía de las ciudades y se iba extendiendo con gran rapidez, sustituyendo a las administraciones socialistas por juntas locales, apoyadas por grupos armados que muchas veces eran pagados por los terratenientes y pequeños propietarios, que de esa manera buscaban recuperar sus privilegios.

Este fue un proceso decisivo para la fijación del fascismo en el campo, pero también representó un momento de gran peligro para el mismo, y en especial para Mussolini, pues la ofensiva armada del fascismo provincial estaba encaminada a la desmantelación de toda organización "roja", ya fueran los sindicatos, las cooperativas agrarias, los partidos o las administraciones políticas locales. Esta tendencia significaba un rechazo a la matriz de izquierda de los fascistas originales, incluyendo al propio Mussolini. En este periodo emergieron jefes fascistas de gran influencia, como Roberto Farinacci, en Cremona, Italo Balbo, en Ferrara, y Renato Ricci, en Carrara.

A finales de 1921, el número de fascistas en activo había crecido considerablemente, superando los 200 mil; el movimiento armado se había convertido en la única ley en muchos territorios de la provincia italiana. Este éxito superaba las expectativas de los más optimistas de las *fascies* citadinas, lo que en parte se explica como el efecto de la pobreza y el resentimiento en el campo, pero en gran parte por el financiamiento de los grupos armados por parte de los terratenientes y en general de los burgueses del campo y las ciudades, por condición natural, enemigos del socialismo y afines al liberalismo económico.

Como hemos dicho arriba, este fue un momento peligroso para Mussolini y los dirigentes urbanos del movimiento fascista; pero ellos jugaron las mejores cartas que podían tener, que eran las del acceso directo al poder por la vía política, con la formación del "Bloque Nacional", auspiciado también por los financieros liberales. Desde 1920, el Bloque Nacional comenzó a presionar al gobierno de Giovanni Giliotti, quien mantenía un cierto acuerdo con los socialistas, a pesar de ser de índole liberal, lo que propició que éste tuviese que disolver el Congreso y convocar elecciones anticipadas en mayo de 1921, acogiendo a los "nacionalistas" liderados por Mussolini, quienes en aquellos comicios lograron treinta y seis diputaciones, lo que fue un extraordinario triunfo político.

A partir de esta puesta en escena política, Mussolini comienza a actuar organizativamente, creando en ciudades y en la provincia toda clase de instituciones manejadas por las *fascies* y que pudieran tener un efecto social, como las cooperativas de obreros y campesinos, las "casas del pueblo" en las pequeñas ciudades, sociedades de ayuda mutua, círculos de cultura popular, bibliotecas, talleres para la publicación de periódicos y material propagandístico, bibliotecas e incluso una "Universidad Popular".

En 1921, los fascistas continúan con su política de violencia en toda Italia, organizando las llamadas "expediciones punitivas", en contra de los "rojos". El número de muertos a consecuencia de esas expediciones parece en realidad muy bajo, pues no supera los seiscientos; pero habría que considerar que en aquellos momentos los fascistas ya habían conseguido la supremacía y atacaban en condiciones de gran superioridad numérica y de armamento, por lo que solamente buscaban golpear y humillar a los socialistas, pues su eliminación física no era necesaria.

Con un pie en el gobierno central, y el otro en el movimiento anticomunista provincial, Mussolini sienta las bases organizativas, creando, en noviembre de 1921 el *Partito*

Nazionale Fascista (PNF), que comienza con un censo de los miembros de las *fascies* en toda la nación, mostrándose que el 40 por ciento de los fascistas estaba representado por los trabajadores de cualquier ramo, mientras que el 60 por ciento de los miembros activos estaba formado por estudiantes, profesionistas libres, comerciantes y empleados, confirmándose con ello que el fascismo tenía su principal apoyo en las clases burguesas y pequeño-burguesas de la población, lo que se reafirmaba por el hecho de que el 90 por ciento de los dirigentes y los "cuadros" del PNF eran de origen burgués. En mayo de 1922, el partido fascista alcanza la cifra de 322, 000 inscritos, con lo que se convierte en el partido de masas más importante en la historia de la Italia unida; en estas condiciones, Mussolini tenía el camino abierto para el máximo protagonismo político, y él sabría utilizarlo.

Entre los años 1919-22, la inestabilidad del gobierno se volvió evidente para todos los observadores de la época, en el tránsito de los monarcas decorativos Vittorio Emanuele a Francesco Saverio Nitti, la clase política liberal dio claras muestras de su incapacidad para resolver los problemas fundamentales del país, sobre todo para sacarlo de la pobreza. Además de que estos gobiernos habían dejado mucho al azar en provecho de los socialistas, y se habían empantanado en sus viejas rivalidades como eran los temas ya obsoletos de los "intervencionistas" contra los "neutralistas", o contradicciones regionales e incluso personales. Todo ello daba lugar a un estilo de gobierno ambiguo e ineficaz.

En esas condiciones, Mussolini aporta al ambiente político italiano la sensación de firmeza y solidez, lo que producía una fuerte corriente de simpatía en la alta burguesía, en la pequeña, e incluso en el pueblo bajo, cansado ya de la retórica tanto del liberalismo como del socialismo.

Así que la primera estrategia de Mussolini, ya como participante del juego político, fue el ataque al gobierno desde dentro y fuera, señalando constantemente su debilidad y su escasa capacidad represiva en contra de las "fuerzas antinacionales y subversivas" (prácticamente cualquiera que fuese antifascista). Por otro lado, Mussolini establecía toda clase de alianzas con los poderes económicos y tranquilizaba al rey y a los conservadores, moderando sus ímpetus republicanos.

En febrero de 1922 ascendió al poder Luigi Facta, un personaje liberal de segundo plano elevado a Jefe del Consejo de Gobierno, aunque considerado por todos como un peón en el juego de transición hacia un gobierno fuerte, que, aparentemente, no tenía más dirección que la inclinación hacia la "derecha", ya fuera netamente fascista o sólo apoyado por esta indiscutible fuerza.

Para facilitar el acceso directo al poder por parte de los fascistas se pusieron en movimiento las fuerzas políticas más importantes de Italia, como los propietarios y directores de los diarios principales, los altos grados del ejército y de la marina, los jefes de la masonería, los grandes terratenientes, los dirigentes de las cámaras de la industria y el comercio e incluso miembros de la casa real. Todas estas fuerzas presionaron al rey Vittorio Emanuele III, para que tomase las riendas del gobierno en un periodo de transición y lo entregase rápidamente a quienes mejor pudieran ejercer un fuerte control político, lo que indicaba, necesariamente, la opción fascista.

En esos momentos, el fascismo se había convertido en el gobierno *de facto* en toda Italia, a causa de su capacidad de movilizar los grupos armados organizados en *fascies*, que fácilmente podían sustituir por la fuerza a cualquier administración pública, ya fuese en el campo o en las ciudades, de manera que la legalización y reconocimiento del fascismo como forma de gobierno era ya inevitable.

Sin embargo, en el verano de 1922 se realizó un último intento de movilización antifascista, integrándose un "Comité de Legalidad" tendiente a supervisar las futuras elec-

Benito Mussolini aportó una sensación de solidez al ambiente político italiano.

ciones gubernamentales. Este comité estaba apoyado por las mayores organizaciones de trabajadores de Italia. Esta iniciativa surgió durante un Congreso organizado por diversas agrupaciones sindicales, cuya filiación era socialista, por lo que fue allanado y disuelto por los fascistas el 3 de agosto. El 14 del mismo mes, el Partido Nacional Fascista lanza una campaña para pedir al rey la disolución de la Legislatura y la convocatoria a nuevas elecciones para el mes de noviembre.

4

La Marcha a Roma

Siguiendo la secuencia de una lógica política de avasallamiento, Mussolini y los principales jefes fascistas idearon una forma espectacular de mostrar su fuerza, por medio de la presencia de todos los fascistas que se pudieran reunir en una gran marcha desde Milán hasta Roma, con la peculiaridad de que los participantes irían armados y organizados a la manera de las "milicias populares" fascistas.

La acción de Mussolini rompía la legalidad y podía considerarse una forma de insurrección, por lo que se requería la intervención del ejército regular para impedir la marcha. El 28 de octubre se le presenta al rey Vittorio Emanuele III la declaración de "estado de asedio" sobre la ciudad de Roma, presentada por el jefe de gobierno, Facta, pero el rey se negó a firmar el acta, con lo que de hecho estaba manifestando su anuencia a la entrada del fascismo en Roma y en el gobierno, lo que significaba también el golpe de gracia para la izquierda italiana y el ascenso de la derecha.

La famosa "Marcha sobre Roma" no fue una muestra de gran prepotencia, como se temía, fue más bien la manifestación de un acuerdo de voluntades que no se manejaban delante de las masas, a quienes se planteaba aquel acto revestido de una simbología romántica, muy al gusto italiano. De hecho, muchos de los dirigentes fascistas, inclu-

Mussolini y los principales jefes fascistas idearon una forma espectacular de mostrar su fuerza.

yendo al propio Mussolini, llegaron a Roma tranquilamente en el tren, contando con la protección de la policía. Por otro lado los verdaderos marchistas no se encontraban armados, por lo que más que una ocupación militar, el acto tuvo el efecto psicológico de crear la sensación del colapso general de las instituciones del Estado italiano y la inmediata sustitución por parte de los fascistas; los jefes de las *fascies* marchistas fueron instruidos de tomar al paso, y sin violencia, las oficinas postales y telegráficas, las estaciones ferroviarias y las sedes de los periódicos, tratando de aislar, pero sin intervenir, las prefecturas de policía. Por su parte, el propio rey, Vittorio Emanuele, había informado a los jefes del ejército, de la magistratura, de la industria y la burocracia, que había encargado a Mussolini la formación de un nuevo gobierno el 29 de octubre.

El día indicado se presentó el dirigente fascista en el palacio del Quirinal, a efecto de recibir el encargo del rey, vistiendo la camisa negra en vez del traje ceremonial que marcaba el protocolo. En ese acto fue investido del poder con el cargo de Jefe del Consejo de Gobierno. El día siguiente, 30 de octubre de 1922, asumiendo ya su encargo, Mussolini contempló el desfile de los miles de fascistas que habían marchado a Roma y que ahora lo aclamaban.

La decisión del rey tuvo ciertamente consecuencias muy serias para su país; aunque quizá no hubiera podido oponerse al avance real de los fascistas sobre Roma, y con toda seguridad su negativa hubiese provocado una guerra civil. Por otro lado, el entendimiento político y sociológico del fascismo con la burguesía y con el aparato gubernamental era ya una garantía de estabilidad necesaria en medio de una crisis que se había prolongado demasiado.

El ascenso al poder de Mussolini y los fascistas fue manejado después como el resultado de una revolución en la que se batieron heroicamente los grupos fascistas en contra de liberales y socialistas; pero la verdad es que el acceso al poder se dio por medios políticos y en condiciones de bajo riesgo para todas las partes en conflicto, con lo que un movimiento que había nacido apenas tres años antes, lograba un triunfo radical e inusitado en la historia de Italia.

5

Mussolini en el gobierno

En octubre de 1922, cuando Mussolini fue encargado de formar un nuevo gobierno, muchos pensaron que el fascismo no significaba una verdadera fractura en la tradición de la Italia liberal, pero bastaron unos cuantos años para demostrar que era otra la realidad.

Desde su posición de poder, se puso en evidencia que la mayoría de las ideas políticas de Mussolini eran superficiales, vagas o "misteriosas", sobre todo en el entendimiento del pueblo. Para él, el fascismo era: *...sobre todo, el verbo* querer *en presente indicativo; ...la más formidable creación de la* voluntad de poder *individual y nacional; ...una democracia orgánica, centralizada y autoritaria.* Era frecuente que dijera: *El fascismo nos vuelve a traer... el color, la fuerza, lo pintoresco, lo inesperado, lo místico; en suma, todo lo que cuenta en el alma de las multitudes. Pulsamos todas las cuerdas de la ira: desde las de la violencia hasta las de la religión, desde las del arte hasta las de la política.*

Su programa no podía ser más explícito:

> *Yo estoy aquí* (en el gobierno) *con el fin de defender y dar poderes a la revolución de los Camisas Negras.*

Escuchemos parte de uno de sus discursos:

> *...Todo cuanto pueda engrandecer al pueblo italiano hallará en mí un eco favorable, y viceversa... todo cuanto tienda a*

rebajar, embrutecer y empobrecer al pueblo italiano hallará en mí oposición... No existe movimiento espiritual y político que posea una doctrina más sólida y cierta que el fascismo. Ante nuestro espíritu se alzan verdades y realidades precisas, a saber: el Estado, que debe ser fuerte; el gobierno, que debe defenderse a sí mismo y defender a la nación de todos los ataques desintegradores; la colaboración entre las clases; el respeto a la religión; la exaltación de todas las energías nacionales.

Leyendo este discurso en idioma español, a tantos años de distancia, cómodamente sentados, con un espíritu racional y sin la menor emoción, nos parece de una simpleza y vaguedad casi ofensivas. Pero habría que imaginar al italiano medio de los años veinte, en medio de la pobreza, resentido y desilusionado por los fracasos de los gobiernos anteriores, en medio de una multitud exaltada, escuchando cada una de las frases a través de un conjunto de megáfonos que distorsionan la voz y la hacen atronadora; sin entender gran cosa, sin relacionar una frase con otra, recogiendo solamente palabras al vuelo, palabras que tienen una fuerte carga emocional y que son dichas con un énfasis exagerado, como deslizando imágenes dentro de la mente de los que escuchan y ven, sobre todo miran, observan fascinados la figura del *Duce* que gesticula y manotea en el aire desde la altura de su tribuna. Al finalizar su absurda perorata levanta la mano hacia la multitud como hacían los antiguos emperadores romanos y la gente, toda la gente, sin excepción, levanta también el brazo en un acto más bien involuntario individualmente, pero colectivamente necesario, justificado para la masa.

En los últimos tiempos de su mandato, el *Duce* prácticamente se abstenía de las palabras en sus apariciones públicas, solamente se presentaba en lo alto, gesticulaba, saludaba y se retiraba, dejando a la multitud enardecida.

El año de 1922 representa el inicio de lo que llaman en Italia "la veintena"; sin embargo, los años de verdadero fascismo no comienzan ni terminan en esos veinte años; la abierta dictadura y el autoritarismo totalitario no podría haberse ejercido desde el principio, sobre todo en las condiciones de semilegalidad y consenso político en las que Mussolini llega al poder. Por lo menos durante los dos primeros años, el nuevo jefe de gobierno se mantiene en los límites impuestos por la coalición de fuerzas que lo llevó al poder, sosteniendo en el Parlamento fuerzas heterogéneas. Sin embargo, en el transcurso de estos primeros años se fueron produciendo una serie de rupturas con las tradiciones precedentes. La implantación de algunas instituciones netamente fascistas trastocaban completamente los convencionalismos sociales antes respetados e incluso en algunos casos rompían la legalidad. Durante este periodo, Mussolini alterna sus dotes histriónicas con un cierto conformismo hacia lo establecido, de manera que el orden fuese mantenido sin mayores contratiempos, respetando los intereses particulares y jugando con las fuerzas políticas con el menor riesgo posible.

Las actitudes conciliatorias de Mussolini en los primeros tiempos le valen un voto de fe de la mayoría de las corrientes políticas, con excepción de los socialistas y comunistas; pero en las cámaras de diputados y senadores mantiene siempre una posición de mayoría, contando con el voto de las varias tendencias liberales, de los demócratas y los radicales católicos del Partido Popular; en la práctica, su oposición eran los partidos de izquierda antes citados y los republicanos a ultranza.

Mussolini también demostró una gran capacidad de maniobra en la distribución de los cargos públicos, entregando una buena parte a los políticos de oposición, pero cuidando que la influencia del cargo fuese inversamente proporcional al grado de oposición del encargado respecto del régimen fascista. Fue también muy hábil al entregar siempre los cargos menores a los fascistas de mayor confianza, de manera que, en cualquier caso, los jefes estaban rodeados de subordinados fascistas, con los que fácilmente se les podía manipular.

Muchos ministerios fueron otorgados a miembros relevantes del liberalismo, de los católicos y demócratas. Un fuerte empresario de derecha fue encargado del ministerio de la industria; el filósofo Giovanni Gentile fue encargado de la instrucción pública, y las fuerzas armadas quedaron al cargo del mariscal liberal Armando Diaz. Estas concesiones en realidad estaban muy limitadas por la fuerza fascista en los mandos intermedios, lo que establecía una cadena de mando que partía del poder central y llegaba hasta los niveles más bajos del gobierno, pero al mismo tiempo se proponía un amplio juego democrático que dejaba tranquilos a la mayoría de los posibles detractores del régimen.

En 1923 se produce una fusión entre el Partido Nacional Fascista y el pequeño, pero significativo, Partido Nacionalista Italiano, que tenía una escasa representación en el Parlamento, pero que se caracterizaba por su extrema combatividad, habiendo constituido sus propias escuadras armadas, llamadas "camisas azules", particularmente activas en la Italia meridional. En una perspectiva inmediata, la fusión con el partido de derecha más recalcitrante fue muy importante para la definición política e ideológica del fascismo en el poder, pues de esa manera se incorporaron elementos radicales que propiciaron la transición del gobierno de coalición a la total dictadura.

La legalización del fascismo como gobierno no significó un giro a la legalidad en los procedimientos fascistas, que continuaban sus prácticas represivas en contra de las organizaciones y las personas consideradas de izquierda. En diciembre de 1922, varias *fascies* de Turín practicaron una expedición punitiva en la que resultaron muertas once personas hiriendo de gravedad a otras veinte. En los inicios de 1923 se inició la selección de las escuadras fascistas que se habían distinguido por su capacidad de violencia, para formar la llamada *Milicia Voluntaria para la Seguridad Nacional* (MVPSN *Militzia Volontaria per la Sicurezza Nacionale*), institución que quedaría bajo las órdenes directas de Mussolini. De esta manera, quedaba legalizada la fuerza armada particular del dictador y del fascismo, que no respondía al gobierno propiamente dicho, sino a Benito Mussolini.

A pesar de todo, Mussolini se declaraba públicamente como un gobernante de transición y expresaba la mayor apertura a las fuerzas de oposición. La nueva milicia, a las órdenes del fundador del fascismo, era comandada por el general Emilio de Bono, quien a su vez era el jefe de la policía del Estado. La formación de esta fuerza armada fue uno de los ejemplos más claros de esa ambivalencia en el ejercicio del poder que fue típica del régimen fascista y de otros modelos autoritarios que se inspiraron en Mussolini.

El "doble Estado" que se comenzó a perfilar en 1923 tuvo dos fundamentos, uno fue la creación de la milicia particular y el otro en la creación de una institución también peculiar, que fue el *Gran Consejo Fascista* (*Gran Concilio del Fascismo*). Este nuevo "instituto" tenía visos de sociedad secreta, era presidido por el propio Mussolini, tenía reuniones secretas y nocturnas en las que se llamaba en cualquier momento a los jefes del fascismo, a discreción de Mussolini, para discutir las directrices del gobierno oficial.

De esta manera se estableció lo que se dio en llamar el "gobierno de las sombras", que en principio era visto solamente como un grupo de asesores del gobierno oficial, lo que es perfectamente válido en cualquier sistema parlamentario; pero la real intención de este "gobierno alternativo" era sustituir en la vía de los hechos al poder legal, de manera que, poco a poco, fueron disminuyendo en cantidad y en calidad los espacios de poder concedidos a otros partidos o personajes no fascistas, quienes de esta manera se fueron convirtiendo en figuras decorativas a las que se excluía de las verdaderas decisiones.

Así fue que Mussolini, como persona, y las condiciones de hecho en las que el fascismo comenzó a gobernar, estaban iniciando un proceso irreversible de permanencia extralegal en el poder, sin condiciones limitativas y sin término temporal.

Comienzan entonces a tomar forma una serie de nuevas "instituciones", tendientes a modificar y reorientar de acuerdo a la filosofía fascista toda forma de relación social.

6

Reformas educativas y políticas

Uno de los cambios más importantes que se produjeron en 1923 fue la reforma educativa, perfilada por el ministro no fascista Gentile, pero considerada por Mussolini como "la más fascista de las reformas", pues, aunque estaba revestida de un conjunto de frases de carácter idealista y democrático, se fijaba de manera incuestionable la función del Estado como "educador", determinando como obligatorio el seguimiento de los planes y programas de estudios elaborados por las autoridades educativas. Se instituyó un examen estatal obligatorio para el grado de educación media superior; se acentuó el carácter humanístico de los estudios medios, reduciendo las materias científicas e incluso se abolieron o limitaron al máximo las escuelas técnicas, que provenían de una cepa obrera o popular, identificándoseles con una ideología "materialista" o de izquierda.

A partir de esta reforma, la escuela se convirtió en uno de los sectores privilegiados del fascismo, en busca del consenso popular, de propaganda cultural e indoctrinamiento ideológico.

Pero una de las reformas más importantes, y en la que el fascismo tuvo que jugar todas sus cartas fue, por supuesto, la reforma electoral, pues en ella se basaba la duración del régimen y del propio Mussolini en el poder, lo que per-

Mussolini consideró la reforma educativa la "más fascista de todas las reformas".

mitiría el tiempo necesario para la fijación definitiva de la cultura fascista en la sociedad italiana.

La nueva ley electoral, llamada "Ley Acerbo", por Giacomo Acerbo, un político fascista a quien se consideraba su creador, fue aprobada por mayoría en la Cámara de Diputados, lo que se propició por el abstencionismo de los grupos de oposición.

Esta ley electoral se caracterizaba por la inequidad en la representatividad, dando a la mayoría poderes casi absolutos, lo que significaba el control de la Cámara por parte del Presidente del Consejo de gobierno, que de esa manera podía hacer valer cualquier iniciativa. En las administraciones provinciales se siguió el mismo mecanismo para asegurar la mayoría en todas las instancias de decisión política, solo que ahí se usó la amenaza abierta para inducir el voto favorable a la nueva ley electoral. Esos procedimientos intimidatorios fueron tan eficaces que en muchas elecciones locales ya no volvían a aparecer candidatos de oposición, con lo que el único partido a votar era el fascista.

Bajo esta nueva legislación, se realizaron las elecciones generales de 1924 que por supuesto resultaron favorables a todos los candidatos fascistas y sus aliados, de manera que de los 374 diputados, 275 eran abiertamente representantes del Partido Nacional Fascista, y los 161 restantes eran en su mayoría aliados, simpatizantes o simples acomodaticios. Los resultados en las provincias fueron similares, alcanzando en la mayoría de ellas más del ochenta por ciento de sufragios, con excepción de algunas regiones industrializadas, en las que sólo alcanzaron en cincuenta por ciento.

7

El caso Mateotti

En una de las primeras audiencias de la Cámara de Diputados, el 30 de mayo de 1924, el diputado de origen socialista Giacomo Mateotti pronunció un valeroso discurso en medio de los abucheos y las burlas de los fascistas, en su intervención señalaba la intimidación y la violencia a la que habían estado sometidos los contendientes en las recientes elecciones. La denuncia documentada de Mateotti, y sobre todo su iniciativa de invalidación de las elecciones enfurecieron a Mussolini, sobre todo porque sus señalamientos habían trascendido a los diarios. Unos días después, el 10 de junio, una escuadra especial secuestró al diputado Mateotti.

La desaparición del diputado suscitó una oleada de indignación en la opinión pública, incluyendo a muchos que en las urnas habían votado de buena fe por los candidatos fascistas y habían tenido confianza en la limpieza de ideales de Mussolini. El 16 de agosto fue encontrado el cadáver de Mateotti semienterrado en un bosque cercano a Roma. Por supuesto, aquel no era el primer atentado político que habían cometido los fascistas; aunque menos sonado, el año anterior se había producido el asesinato del sacerdote Giovanni Minzoni junto con el apaleamiento del líder democrático Giovanni Amendola, ambos casos en la provincia de Ferrara. Sin embargo, ahora el asunto de Mateotti resul-

taba doblemente significativo, primero porque se trataba de un diputado recién electo y segundo porque el atentado se había cometido con Mussolini a la cabeza del gobierno.

La responsabilidad política y moral de Mussolini parecía clara a criterio de muchos ciudadanos, pues los autores materiales del delito formaban parte de un grupo de elite de la policía y se consideraban parte de la milicia particular del mismo. La única reacción de Mussolini fue el intento de enrarecer o minimizar el hecho. Pero la protesta popular se hace sentir, sobre todo cuando un grupo de parlamentarios no fascistas abandona la Cámara y conforma un comité independiente de lucha contra el fascismo, llamando a las masas romanas a escuchar sus puntos de vista y seguir el camino de la no obediencia, hasta que se esclarezca el caso Mateotti.

Este comité estaba dirigido por Giovanni Amendola, quien ya había sufrido un atentado por parte de los fascistas, y bajo su dirección se inició una campaña de prensa en contra de los fascistas, apelando a la autoridad del rey para que se restableciera la plena legalidad y se convocaran nuevas elecciones. Pero Vittorio Emanuele III no responde a estas peticiones y en vez de ello se muestra públicamente en compañía de Mussolini, como muestra de su apoyo, por lo que pasan los meses, el asunto Mateotti se enfría, y Mussolini recupera con facilidad el terreno perdido.

A fines de 1924 se restablecen plenamente las actividades de las escuadras fascistas, pero ahora con redoblado ímpetu en contra de los antifascistas. Seguro el jefe del gobierno juzgaba que era conveniente desplegar toda la fuerza sobre los restos de la oposición y que ya no era necesario presentar un rostro ético en las acciones de gobierno, lo que resultó muy eficaz, pues ante una política de abierta intimidación aumentó grandemente la popularidad de Mussolini.

El 3 de enero de 1925 Mussolini pronuncia un enardecido discurso en la Cámara de Diputados, lo que para muchos historiadores representa el inicio de la verdadera dictadura, pues en este discurso Mussolini llegó al cínico extremo de asumir toda la responsabilidad de los hechos de violencia que se habían producido en los últimos tiempos (entendiéndose que también del caso Mateotti), y retó a los diarios y a la oposición a denunciarlo públicamente. El silencio generalizado, después de aquel grave pronunciamiento, revela el clima de miedo que Mussolini había logrado establecer en su derredor y representa, efectivamente, la puesta en escena de la dictadura fascista, con el "hombre fuerte" a la cabeza.

Es en el año de 1924, y particularmente con el caso Mateotti, cuando Mussolini se encuentra en condiciones de debilidad política, corriendo incluso el riesgo de ser destituido, a partir de la "purga" por él desencadenada en ese tiempo, se asegurará el poder sin mayores contratiempos durante los siguientes diecinueve años.

8

Hacia la dictadura

A pesar del cinismo de su discurso del 3 de enero de 1925 —o tal vez a causa de ello—, Mussolini consolida sus relaciones con el rey, con el ejército, con los industriales y demás fuerzas políticas que ahora confiaban en él más que nunca. Las fuerzas armadas se declararon en condiciones de garantizar la seguridad del Estado y su "disciplinado apoyo" al régimen fascista, pero dejando en claro que el régimen no debía intervenir en sus "asuntos internos", y sobre todo no incluirlos en programas que pudieran desarticular su unidad y organización. En el terreno económico se establecen nuevos acuerdos en un clima de confianza y seguridad; Mussolini coloca en la cartera de finanzas del gobierno a uno de los magnates más reconocidos de Italia: Giuseppe Volpi, quien promueve un cambio sin precedentes en la política económica, introduciendo elementos de proteccionismo que anteriormente eran intolerables para el liberalismo, pero que eran bien vistos por los grandes grupos industriales. Los antifascistas definían con ironía esta política de participación del gobierno como "privatización de las utilidades" y "socialización de las pérdidas".

En esta nueva perspectiva, los liberales, orientados ahora hacia la indiscutible tendencia nacionalista y proteccionista, se inscribieron en masa al Partido Nacional Fascista, entre 1924 y 25, creándose una nueva confederación de industriales fascistas con sede en el palacio Vidoni en donde se crean las comisiones parlamentarias entre los industriales y sindicatos, bajo la tutela del gobierno.

Por otro lado, el ex radical nacionalista Alfredo Rocco se convierte en Ministro de Justicia y se entrega a la reforma del ordenamiento jurídico italiano, dando lugar a un código que se termina hasta 1930 y permanece vigente mucho más allá del término del fascismo, a pesar de ser en extremo restrictivo de las libertades individuales y, en general, de su contenido autoritario.

A pesar de las evidentes manifestaciones de fuerza y de incuestionable poder, la dictadura se mantiene permeable durante los años 1925-26, en condiciones de represión, pero permitiendo el cambio y ajustando la maquinaria social para transitar de la Italia liberal a la Italia fascista de la manera menos traumática posible.

Una vez instalado el modelo económico e ideológico, el fascismo establece un ambiente crónico de violencia latente, orden impuesto y capacidad de educar a las masas en los rudimentos de un nacionalismo agresivo y elitista; humillación pública de cuantos se mostraban recalcitrantes a la aceptación de un Estado policiaco; conformismo de los empresarios del campo y la ciudad, quienes renunciaban a su dignidad para salvaguardar sus rendimientos; reconocimiento internacional de la opinión pública, que magnificaba la figura de Mussolini y de sus méritos reales y lo convertía en un mito viviente; estas fueron algunas de las sombras que se comenzaron a proyectar en Italia durante los años veinte, para irse alargando cada vez más durante la larga noche de la Italia fascista.

9

El régimen fascista

En toda oportunidad, el régimen fascista confirmaba que su transformación en un régimen legal no significaba de ninguna manera la renuncia a la violencia política como su instrumento de acción fundamental. Seguramente la conciencia de la amenaza latente era el elemento psicológico esencial para la fijación social del régimen y la eliminación de toda tentación democrática. Pero el asegurarse la sumisión no es suficiente, y el régimen fascista es muy hábil para transformar la imposición en aceptación, y el miedo en alegría y solidaridad, desarrollando una iconografía portentosa y manejando una retórica en la que solamente se usaban palabras que representaban valores asequibles y deseables para las masas, como "orden", "seguridad", "progreso" o "bienestar".

Una vez en el poder absolutista, Mussolini se presentaba ante los ojos de la clase dominante como el único fascista capaz de imponer una disciplina a las escuadras más violentas e intransigentes, además de ser un indispensable mediador entre las fuerzas dirigentes y los poderes constituidos. En estos primeros años su figura distaba mucho de tener el carisma de los años treinta, cuando llega a personificar un ser más allá de lo humano y con visos de omnipotencia: el *Duce*. Durante los años veinte, Mussolini no era considerado eterno y mucho menos invulnerable, en el cur-

Mussolini se presentaba como el único fascista capaz de imponer disciplina.

so de esta década Mussolini sufrió varios atentados que no dañaron a su persona, más al contrario, fortalecieron su régimen, pues cada uno de estos atentados era un buen pretexto para recrudecer la represión y liberarse de algunos elementos que pudieran ser molestos. Parecía tan obvia la relación entre los atentados y el endurecimiento del gobierno que muchos pensaban que se trataba de orquestaciones teatrales, como pudiera ser el caso del complot para asesinar a Mussolini en 1925, mismo que fue descubierto por la policía antes de que pudieran actuar y en el que estaban implicados varios opositores socialistas. Otros atentados seguramente sí fueron espontáneos, como el del 7 de abril de 1926, cuando una anciana inglesa, de nombre Violette Gibson disparó su revólver en contra de Mussolini, hiriéndolo ligeramente en la nariz. El 11 de septiembre del mismo año, el anarquista Gino Lucetti lanzó una bomba al paso de la comitiva del jefe de gobierno, misma que no estalló. Finalmente, el 31 de octubre, en Bolonia, un muchacho llamado Anteo Zamboni disparó en contra de Mussolini, sin hacer blanco en él, el joven fue de inmediato linchado por la multitud.

10

Un Estado autoritario y policiaco

Es en este contexto, entre los años de 1925 y 26 que nace el Estado policiaco, autoritario y monopartidista, con todos los poderes para el Presidente del Consejo de Ministros, ahora llamado solamente "Jefe de Gobierno", limitando con ello los otros dos elementos que anteriormente articulaban el poder: el *legislativo* y el *judicial*. Ahora, a pesar de la existencia y reconocimiento administrativo de los demás poderes, el *ejecutivo* concentraba toda la autoridad. Finalmente, la centralización del poder llegó al grado de eliminar la electividad de las autoridades provinciales, sustituyendo la figura de los "síndicos" por la antigua figura medieval de *podestá*, funcionarios que actuaban a criterio propio y eran nombrados directamente por el rey, quien delegaba esa función en el Jefe de Gobierno. En esos primeros años se introdujo también una ley que prohibía las sociedades secretas, golpe que iba directamente en contra de la masonería, con el fin de dar un mensaje de buena voluntad a la Iglesia Católica y al mismo tiempo sancionar cualquier actividad clandestina.

Una de las actividades represivas del régimen era la gran limitación a la prensa y la libertad de expresión. El gobierno había hecho votar su derecho de censura y lo ejercía con toda acuciosidad, además de secuestrar cualquier publicación que se considerara "impropia"; desde 1925, las publicaciones consideradas "independientes" o "de opinión", fueron canceladas o integradas como vehículos de expresión del régimen.

En noviembre de 1926 se expidió una ley que fue calificada en broma como "fascistísima", y en ella se declaraban fuera de la ley a todos los diputados que hubieran participado de cualquier manera en la secesión que se produjo durante el "caso Mateotti". A consecuencia de esa ley, muchos diputados de izquierda, incluido el gran teórico Antonio Gramci, fueron arrestados; muchas asociaciones políticas y sindicales que conservaban su independencia o de las que se tenía sospechas de actividades antifascistas fueron también consideradas ilegales y disueltas por la policía. También en esa época se instituyó un "Tribunal Especial para la Defensa del Estado", cuyos jueces eran miembros de las milicias fascistas, y en esos tribunales se reimplanta la pena de muerte, dado que cualquier actividad antifascista podía calificarse como atentatoria hacia el Estado Italiano y por tanto tipificar el caso de "alta traición". La abolición de la electividad para las administraciones locales y el regreso a la pena capital fueron tal vez las medidas más fuertes del régimen en esa época. El carácter plenamente reaccionario del sistema fascista fue también afirmado sin lugar a dudas con las nuevas leyes de policía, en las que se eliminaban los derechos humanos y civiles, así como las garantías individuales, como si se estuviera en un estado de guerra.

11

La organización del trabajo

Una de las mayores expectativas de las clases populares durante la implantación del régimen fascista era la posibilidad de alcanzar un mejoramiento en su nivel de vida, a partir de las promesas de cambios sustantivos en la economía. Pero el gobierno de Mussolini no introduce propiamente ningún cambio radical en la estructura capitalista y liberal que prevalecía antes de su administración. La esperada "revolución económica" resultó una mezcla heterogénea de factores plenamente compatibles entre el capitalismo y el fascismo.

La trabe jurídica sobre la que se asentó la relación de trabajo fue la ley del 3 de abril de 1926, preparada por Alfredo Rocco, en la cual se instituía una magistratura especial para dirimir los asuntos laborales, las controversias sindicales y, sobre todo, se abolía tanto el derecho de huelga para los trabajadores como el derecho de cierre de las empresas por parte de los patrones. Aunque se permitía la formación de sindicatos particulares en las empresas, de hecho todos los trabajadores italianos pertenecían, por derecho y obligación al "Sindicato Único de Trabajadores Fascistas", dirigido por Edmundo Rossoni, a todos los trabajadores se les descontaba una cuota sindical para el sostenimiento de esta institución del Estado que servía tanto para el control político de los trabajadores como para presionar a los empresarios.

A pesar de que el régimen fascista presentó siempre cifras optimistas a los trabajadores, después de la instauración de las leyes laborales, el principal objetivo de los trabajadores era la conservación de su puesto de trabajo, ya que no sólo en los primeros tiempos, sino durante todo el tiempo del fascismo, la tasa de desempleo se mantuvo alta, tanto en las ciudades como en el campo, lo que demuestra la ineficacia del régimen en términos reales, reforzándose por el hecho de que los salarios fueron mermando paulatinamente por causa de la inflación y las prestaciones se fueron limitando e medida que la economía se deprimía, a pesar de los esfuerzos de Mussolini por mantener la paridad de la lira respecto del dólar y las monedas fuertes europeas, con lo que mantenía la imagen de una economía estable, pero pagando el precio de la reducción de exportaciones y el encarecimiento paulatino de la vida en las ciudades y la pérdida constante de fuentes de empleo.

12

La ofensiva en el campo

El fascismo fue siempre un sistema clasista y jerárquico, y este modelo de relación social, que provenía de siglos anteriores, es mantenido y reforzado de manera anacrónica en las ciudades, con la consiguiente pérdida de incentivos de ascenso social y el estancamiento de la clase empresarial. Pero los efectos de esta estratificación social tuvieron un mayor efecto negativo en el campo, pues en vez de propiciar una relativa modernización capitalista, o restablecer los esquemas funcionales de las formas de producción de los tiempos socialistas, la tendencia natural era el regreso a las formas tradicionales de tenencia y explotación de la tierra que eran propias de la Italia feudal, con todas las consecuencias que eso traía, no sólo en el plano de la ética en las relaciones humanas, sino en el estricto pragmatismo económico, pues esta manera de producir y distribuir era totalmente inadecuada en una economía que tendía a la complejidad. Por estos motivos, la emigración de los campesinos fue una constante durante el régimen, ya fuera a las grandes ciudades bajo el señuelo de la industria o a otras localidades, donde se pudiese encontrar algún trabajo eventual. Esta especie de nomadismo interno se produjo en gran parte por el hecho de que en los Estados Unidos se había vetado la inmigración de italianos en la fase aguda de la dictadura fascista.

El gobierno lanzaba continuamente campañas propagandísticas con intenciones económicas, como fue la "batalla del grano", en la que se pretendía motivar a los productores de trigo para el aumento de la producción y el logro de la autosuficiencia en ese terreno, lo que tiene una fuerte connotación psicológica, pues hablar del grano es hablar del pan para los italianos, lo que significaba la subsistencia básica de las clases populares, además de una sensación de seguridad que tenía raíces ancestrales. La autosuficiencia en granos no se consiguió jamás durante el régimen fascista y de hecho las continuas campañas en este sentido, si bien tenían una finalidad demagógica más que práctica, resultaron contraproducentes, pues el estímulo hacia la producción de granos distrajo los cultivos de otra clase de productos que en su momento eran más redituables y hubiesen propiciado un mayor ingreso para los terratenientes y los propios campesinos.

13

Un Estado dentro del Estado

La mayoría de los historiadores concuerdan en la opinión de que el tránsito a la dictadura fascista representó una ruptura menos brusca de lo que pareciera a primera vista y de lo que el propio sistema fascista quiso expresar en su propaganda, exaltando la "Revolución de las camisas negras", del 28 de octubre de 1922, como el cambio radical de una a otra época en la historia de Italia. En realidad no fue sino hasta la segunda mitad de los años veinte que el régimen consolida sus elementos propiamente fascistas. No es sino hasta 1926 que se supera el millón de inscritos al Partido Nacional Fascista, se fortalecen las milicias, se crea el sindicato único y se desarrollan los elementos políticos que no alcanzarán sus verdaderas dimensiones como instrumentos de manejo de masas sino hasta los años treinta, cuando se incorpora al sistema una gran cantidad de organizaciones populares, en las que se incorpora con especial atención a los niños y a los jóvenes.

Con su característica duplicidad política, en 1928 Mussolini busca la plena compatibilidad entre los órganos del Estado y los propiamente fascistas, por medio de lo que llamó la "constitucionalización" del Gran Consejo fascista, con lo que se pretendía dar al Partido el mismo estatus que el gobierno; esta legalización del Gran Consejo se hizo por la vía expedita tomando como antecedente jurídico un viejo estatuto de Estado, concedido al rey de Serdeña por Carlos Alberto en el año de 1848, y que de hecho se encontraba vigente. De esa manera, el Gran Consejo Fascista quedó legalizado y el Consejo de Gobierno siguió existiendo, aunque ya con las funciones mínimas, pasando todas las verdaderas instancias de decisión al Consejo fascista, con lo que el gobierno "de las sombras" pasó a ser el más claro y definido, mientras que el gobierno tradicional pasó a la oscuridad.

14

El entendimiento con la Iglesia

Una vez logrados los acuerdos con la monarquía, con el ejército y con la clase económicamente poderosa, le faltaba al régimen resolver uno de los asuntos más espinosos: la relación con la Iglesia Católica, lo que era un punto de apoyo esencial para lograr un buen afianzamiento en las masas populares. Así que la etapa terminal en el proceso de conquista y consolidación del poder fue la firma de los acuerdos con la Iglesia, mismos que tuvieron una larga e intensa preparación.

Finalmente, el 11 de febrero de 1929 se firmaron los llamados "Pactos Letranenses", entre el cardenal Pietro Gasparri y Benito Mussolini. Estos acuerdos tenían como tema principal la "cuestión romana", que había sido un motivo de fricciones entre la Santa Sede y el gobierno italiano desde 1870, año en que el gobierno italiano había desconocido la independencia política del Estado Vaticano y había invadido militarmente su pequeño territorio en pleno centro de Roma. En los tratados con Mussolini, el nuevo gobierno reconocía a la Santa Sede como un estado soberano, e incluso se comprometía a compensar económicamente a la Iglesia por los daños materiales que hubiera podido haber sufrido en la ocupación cincuenta años antes.

Además de resolver esa delicada cuestión, en esa ocasión se firmaron una serie de "concordatos" en los que el

Mussolini reconocía a la Santa Sede como un estado soberano a partir de los "Pactos Letranenses".

gobierno fascista prácticamente renunciaba a su carácter laico, comprometiéndose a modificar el ordenamiento jurídico italiano para dar lugar a iniciativas tales como el impedimento del divorcio, el reconocimiento de la validez civil del matrimonio religioso católico, la exención de los sacerdotes de servicio militar; la enseñanza obligatoria de la religión católica en las escuelas —definida como "fundamento de la instrucción pública"—. Además del reconocimiento del Estado Vaticano, se establece de manera oficial un estatus especial para la ciudad de Roma, pues estando ahí la Santa Sede, se le debía considerar la ciudad capital "internacional".

A partir de esta reunión se comienza a explotar la nueva "triada" iconográfica para representar la solidez del gobierno italiano: las imágenes juntas del Papa, del rey y de Benito Mussolini, a quien el papa Pío XI se había referido como "el hombre que nos ha enviado la Divina Providencia".

Las ventajas de este histórico acuerdo fueron en verdad recíprocas en principio, pero se fueron dimensionando de diferente manera a través del tiempo. La Iglesia había obtenido el reconocimiento de la *Acción Católica* como una agrupación de índole política, que de hecho llegó a ser la única tolerada dentro del régimen monopartidista. Pero a través de este organismo la Iglesia se dedicó de manera lenta y a largo plazo a la recuperación de sus espacios de poder dentro del gobierno italiano y sobre todo a la reconquista de la sociedad civil, misma que siguió apoyando los pactos entre el gobierno y la Iglesia aun después de caído el fascismo. Los pactos signados por Mussolini fueron ratificados y elevados a rango constitucional en 1948, y los "concordatos" no fueron puestos a revisión sino hasta 1984.

Los pactos con la Iglesia fueron en extremo saludables para los fascistas, quienes de esta manera habían ganado un gran terreno entre las clases populares y podían afrontar con gran tranquilidad las elecciones de 1929, en las que los fascistas obtuvieron una aplastante mayoría del 90 por ciento, después de una breve "campaña electoral" en la que el clero participó activamente, por medio de la Acción Católica y en especial con los párrocos de provincia, que se habían convertido en activos partidistas del régimen. Con este movimiento y la influencia de la Acción Católica en muchos países, la figura de Benito Mussolini alcanzó una gran popularidad y prestigio entre los católicos de todo el mundo, lo que resultó también muy saludable para la política exterior del régimen fascista.

15

En busca del consenso

En los últimos años del fascismo, los historiadores, tanto italianos como de otras nacionalidades, se enfrascaron en un largo debate acerca del consenso que parecía tener el régimen en el pueblo italiano, examinando una serie de cuestiones complejas que bien pueden ser reducidas al hecho, aceptado por todos, de que el fascismo no se mantuvo en el poder solamente por el ejercicio de la violencia y la intimidación. Pero acerca del grado y la medida de la adhesión masiva, sobre las motivaciones declaradas o inconfesadas y sobre el rango de la oscilación de este consenso durante los veinte años del fascismo se ha abierto un debate que no se ha terminado aún.

Por otro lado, el término de "consenso" para definir la adhesión al fascismo pudiera no ser el más adecuado, pues nos remite a la capacidad de las personas plenamente maduras, capaces de elaborar un juicio político certero, lo que requiere de la posesión de una gran información, y por supuesto de varias alternativas de elección; en el fascismo se manipula lo uno y lo otro, de manera que la elección queda fuertemente condicionada, en la que la fuerza es el elemento activo y el consenso su efecto secundario o su consecuencia natural, como sostenía el propio Mussolini y uno de sus principales ideólogos, Giovanni Gentile.

En el campo de la cultura, el fascismo se distingue por

La figura de Mussolini, alcanzó gran popularidad y prestigio entre los católicos de todo el mundo.

sus grandes esfuerzos para lograr el consenso de los intelectuales; en especial Mussolini, desde los primeros tiempos de su ascenso al poder, había tenido especial cuidado en cultivar el consenso de los intelectuales de la derecha liberal y nacionalista. En 1925, Gentile lanza un *Manifiesto de los intelectuales fascistas*, mismo que no tuvo un gran efecto y en cambio propició la aparición de varios "contra-manifiestos" de intelectuales liberales, como el de Benedetto Croce, que sí logró un gran consenso. Pero en el clima autoritario del régimen, y sobre todo su duración, fue permeando la voluntad de los intelectuales, quienes se fueron convirtiendo en colaboradores del régimen, ya fuera de una manera directa o como partes orgánicas de un fenómeno cultural al que no podían sustraerse.

El propio Gabrielle D'Annunzio, en principio mantenido a distancia por Mussolini, más tarde fue reivindicado por el fascismo como uno de sus "precursores" más ilustres. El célebre dramaturgo Luigi Pirandello llegó a declarar su "fe fascista". El científico Guglielmo Marconi se convirtió en un fiel servidor del régimen y ocupó cargos importantes, como la presidencia del *Consejo Nacional para la Investiga-*

ción (creado en 1923) y la *Academia de Italia* (1926). Uno de los grandes proyectos culturales del fascismo fue la edición de la *Enciclopedia Italiana*, dirigida por Giovanni Gentile, en la que se aglutinó a la mayoría de los intelectuales.

En 1931 se impuso en las universidades un juramento de fidelidad al régimen, mismo que fue plenamente aceptado por los catedráticos. A fines de los años veinte se crea la primera *Facultad de Ciencias Políticas* en la cual se enseñaban los fundamentos filosóficos de la doctrina del fascismo y de la ideología corporativa. En las universidades se creó un ambiente de gran sintonía con el régimen, los más entusiastas defensores intelectuales del fascismo fueron siempre los jóvenes universitarios, quienes respondieron a la consigna de "ir al pueblo", que lanzó Mussolini a principios de los años treinta, dentro de un programa de propaganda en el que participaron todas las universidades y muchos intelectuales, ahora plenamente convencidos de las bondades del fascismo.

16

Formas e instrumentos de la cultura de masas

El régimen pudo lograr, con cierta facilidad, un alto grado de adhesión entre las elites económicas y políticas; el proceso de incorporación de los intelectuales resultó más complicado, pero finalmente exitoso; sin embargo, su penetración en las masas fue mucho más lenta, difícil y contradictoria. En principio, no fue el convencimiento, sino el "conformismo" lo que determinó el consenso popular, apoyado por varios factores, entre ellos la tradicional postura de humildad y dependencia de los débiles respecto de los poderosos, que era constituyente de la cultura italiana, el paternalismo que se reforzó por la Iglesia Católica a partir de los acuerdos, además de la intimidación y la violencia latente en el régimen. Todo ello era suficiente para conjurar cualquier tipo de protesta política y dejar por lo menos el campo libre para la introducción de la ideología fascista. La nueva tecnología venía también en auxilio del proceso propagandístico; desde 1924 se comenzó a utilizar la radio como uno de los vehículos de penetración más importantes, dada la escasa capacidad de lectura de la población. Se creó entonces un organismo especial llamado *Ente Italiano de Audiciones Radiofónicas* (EIAR), mismo que programaba todas las emisiones, introduciendo los elementos propagandísticos de una manera bien planeada. Con toda seguridad, fue la radio el principal vehículo de indoctrinamiento del régimen fascista.

Otro de los instrumentos de gran importancia para la cultura fascista fue la puesta en marcha de un programa nacional de utilización del tiempo libre, creando una institución de gran envergadura, que fue la *Opera Nazionale Dopolavoro* (Instituto Nacional del "Tiempo Libre"). El régimen concedía a los inscritos en esta institución una serie de ventajas, como era el descuento en toda clase de espectáculos, instalaciones para la práctica deportiva, lugares donde jugar a las cartas, donde recibir cursos, conferencias, aprender a tocar instrumentos musicales, etcétera. Aparentemente, este instituto no tenía fines políticos, sin embargo era tal vez el más político de los instrumentos del régimen, y en estos programas recreativos se gastaba un presupuesto mucho mayor que el destinado a la asistencia pública. Como parte de este instrumento de difusión de cultura fascista, se ponía un énfasis especial en el deporte competitivo, especialmente en las dos grandes pasiones del pueblo italiano: el fútbol y el ciclismo, con cuyos héroes se alimentaba la autoestima y el sentido de identidad nacional.

El régimen puso también mucha atención en la "educación física", en especial de los niños y jóvenes, lo que permitía cubrir varios objetivos, por un lado el condicionamiento psicológico por medio de movimientos automatizados que se realizaban en grandes grupos, las llamadas "tablas gimnásticas", que se realizaban a niveles en verdad espectaculares, produciendo el efecto de total conformidad, docilidad y uniformidad. Por otro lado, se propiciaba la militarización de los jóvenes, independientemente del servicio militar obligatorio, ejercitándolos en toda clase de "artes marciales" e incorporándolos en rituales de tipo guerrero, como los llamados "sábados fascistas", dedicados al entrenamiento paramilitar.

Con todas estas propuestas de actividad en el tiempo libre, además de la radio, el régimen estaba siempre presente en la mente de las personas, reuniéndolas y canalizando su atención hacia actividades automatizadas o triviales, en las que se entretejían los mensajes de la ideología fascista. Mientras las personas estuvieran trabajando, jugando o escuchando la radio, el régimen no tenía de qué preocuparse. De cualquier manera, también disponía del monopolio de la violencia, para aquellos que no se contentaban con el circo, y seguían demandando el pan.

17

El corporativismo

La ideología fascista se fundamenta en propuestas básicamente negativas; es decir, se define como una reacción "en contra de" (comunistas, masones, internacionalistas...), de manera que la gran motivación del fascista es el ser siempre "anti" algo. Casi todas las instituciones fascistas tienen esa característica antitética. Sin embargo, la institución ideológica y política del corporativismo parece realmente una propuesta positiva y original.

El corporativismo fascista causó un gran interés en el exterior, sobre todo en los años de la gran crisis que siguieron a la caída de la bolsa de valores en los Estados Unidos, en octubre de 1929. En la primera mitad de los años treinta, el corporativismo fascista se fue estructurando sobre los restos del corporativismo tradicional de matriz católica, que se había adoptado con grandes limitaciones en Austria y Portugal, pero es en la Italia fascista donde adquiere su más acabada definición.

Desde 1926, el gobierno fascista había creado un ministerio ocupado de la organización "corporaciones", en forma genérica y sin mayor estructura programática. Fue hasta 1930 que se creó un *Consejo Nacional de las Corporaciones* (*Consiglio Nazionale delle Corporazioni*), y hasta 1934 vieron la luz veintidós corporaciones, y en 1939 el proyecto adquirió tal relevancia que la Cámara de Diputados se convirtió en la *Cámara de los grupos y las corporaciones* (*Camera dei fasci e delle corporazioni*). Por lo que respecta a las facultades normativas de las corporaciones en sí mismas, prácticamente no se produjo jurisprudencia, solamente en materias marginales, sin modificar lo esencial del sistema liberal, sobre todo en lo que se refiere a la propiedad privada y el control del capital sobre la fuerza de trabajo; aunque sí se propició la intervención del estado en la economía, sobre todo en el sector industrial y financiero. El proyecto corporativista tenía una buena base económica, pero las propias contradicciones del sistema dificultaron grandemente su desarrollo en este sentido, por lo que prevalecieron los aspectos ideológicos y propagandísticos sobre los fines prácticos.

La mística del sistema corporativista era el logro de un equilibrio de fuerzas entre la clase trabajadora y la patronal, buscando la superación de los conflictos y el aumento de la productividad en virtud de "los superiores intereses de la nación". La experimentación práctica se realizó principalmente en las provincias, institucionalizando las "consultorías municipales", que funcionaban como organismos independientes de la administración pública, a cargo del *podestá*, nombrado directamente por el gobierno. Por el contrario, los miembros de los consejos consultivos en materia económica eran sujetos de elección sobre las siguientes bases: debía existir un número igual de representantes de los trabajadores y de los patrones, dentro de estos últimos, una tercera parte de los escaños se reservaba a los profesionistas libres. La mesa directiva estaba compuesta por dos representantes de los patrones y dos de los trabajadores (quienes necesariamente estaban inscritos en el sindicato del gobierno). Esta clase de corporaciones no eran propiamente instituciones "democráticas", pues no se procedía a la toma de decisiones por la vía del voto universal directo, sino por el "consenso", a partir del diálogo y el convencimiento, lo que hubiera sido extremadamente difícil de lograr e incluso peligroso para el régimen; sin embargo, en el seno de las corporaciones, los representantes de los trabajadores no lo eran propiamente, sino que eran sindicalistas o políticos de profesión pagados por el propio gobierno, que de esa manera tenía un control sobre los trabajadores y al mismo tiempo podía contar con ellos para el control de los capitalistas.

A pesar de su escasa efectividad práctica, y más allá de su finalidad específica de la reducción de la "lucha de clases", el corporativismo se convierte en un motivo de esperanza, legitimando la búsqueda de contenidos positivos en el fascismo, que ya en los años treinta parecía haber fracasado en su principal promesa social, que era el desarrollo económico de la nación.

18

Italia en camisa negra

Desde las primeras fases de la consolidación del poder, el régimen fascista mostró la amplitud de la contradicción entre las palabras y los hechos, entre la propaganda y los resultados, lo que llegó a causar una "crisis de consenso" a principios de los cuarenta. Particularmente en esa época el fascismo tenía necesidad de aumentar sus bases de masas, para aumentar su capacidad de negociación entre las propias fuerzas que formaban su estructura, misma que se hallaba debilitada por la crisis de credibilidad que llegaba hasta las esferas más altas. Sin embargo, dadas las propias estrategias de ideologización de las masas que se habían implementado desde los años veinte, no se podía pedir en las clases populares un desenvolvimiento maduro en el campo político; por el contrario, había que avanzar por el camino de la máxima restricción de la personalidad individual y recrear el espíritu gregario en las masas, dispuestas a cualquier sacrificio en nombre de los valores que se les impusieran desde las esferas del poder, de manera que los pensamientos se convirtieran en actitudes favorables al régimen.

La institucionalización del ejercicio del poder se confrontaba de manera natural con la realidad cada vez más patente de las carencias populares y la tendencia al desánimo e incluso a la rebeldía que de ello se derivaba, aunque esas formas de protesta fuesen elementales a causa del manejo político sobre el pueblo, de cualquier manera eran un factor de disgregación y pérdida de confianza colectiva, lo que ponía en evidencia un totalitarismo imperfecto.

En la historia europea de entre las dos guerras mundiales, surgieron varios modelos de totalitarismos del mismo corte del fascismo italiano, caracterizados por el intento de ocupación monopólica de todos los espacios de poder y como organizaciones antidemocráticas y monopartidistas. La diferencia con el fascismo italiano era su gran capacidad de manipulación, la presencia de un líder carismático, el uso abierto de la violencia, la asociación con la Iglesia Católica y en especial el hecho de que el gobierno fascista se encontraba avalado y reforzado por una estructura política preexistente, que era la monarquía.

La simbiosis entre lo viejo y lo nuevo funcionó perfectamente bien en las primeras etapas del régimen, pero con el tiempo se manifestó como un obstáculo para la total "fascistización" del Estado italiano, lo que hubiera propiciado un auténtico totalitarismo, con el Partido elevado a la categoría de última instancia de decisión, lo que lo convertiría en el símbolo del Estado mismo y no solamente en uno de sus elementos, o sea, el gobierno.

Desde octubre de 1922, había sido el gobierno, y no el Partido, el centro motor de la política fascista, lo que representaba una posición de relativa subordinación de los poderes políticos respecto de la autoridad suprema del Estado. Esta situación es señalada por el propio Mussolini cuando califica al Estado italiano como una *diarquía*, significando con ello su carácter dual y por tanto la dificultad de establecer una auténtica *monarquía*, en la que la figura del rey fuese sustituida por el Partido.

Otro fue el caso de Hitler y del nacionalsocialismo, cuyo acceso al poder fue sobre la base de una república democrática que, al convertirse en el *Tercer Reich*, había desaparecido totalmente, adjudicándole a un sólo hombre los símbolos del poder del Partido, del gobierno y del Estado. Mussolini, oficialmente al menos, debía responder al rey, quien era el símbolo del Estado y garante de la soberanía del mismo. Así que el jefe del Estado italiano seguía siendo Vittorio Emanuele III, y era él quien recibía a otros jefes de Estado en visita oficial, y fue él quien recibió los títulos de "Emperador de Etiopía y Rey de Albania, cuando se produjeron las anexiones, en 1936 y 1939. La *Marcha Real*, que era el himno nacional italiano, debía tocarse en cualquier evento público, antes que el himno fascista *Giovinezza*. Especialmente en el campo diplomático, la corona seguía teniendo la primacía en el nombramiento de los embajadores, lo que limitaba la capacidad de maniobra del régimen en el extranjero. No es sino hasta 1936, cuando el régimen impone a Galeazzo Ciano en el Ministerio del Exterior, cuando Mussolini puede nombrar algunos embajadores de su confianza.

El gobierno de Mussolini trabajó durante muchos años apoyado por la vieja estructura burocrática del Estado y sobre todo bajo la mirada, siempre inquietante del ejército regular, que sólo debe obediencia al Jefe de Estado, o sea, al rey. El ejército y la marina tradicionales funcionaban con total independencia del régimen y por lo tanto representaban un peligro potencial para el mismo, es por ello que, al desarrollarse la aviación, Mussolini pone en esta nueva arma una especial atención, asegurándose de tener el control desde su formación y dedicándole la mayor cantidad de presupuesto posible.

Los hombres de la "vieja Italia" pudieron ser sustituidos en muchas áreas del gobierno, pero la mayoría de ellos siguieron controlando la economía, y muchas de sus iniciativas tuvieron que ser adoptadas —y adaptadas— por el régimen fascista a pesar de que podían limitar su capacidad de acción. Un intento de modificar esta situación fue el movimiento corporativista, pero éste no logró oponerse realmente a los grandes intereses económicos.

Por otro lado, el Partido Nacional Fascista y en general los otros organismos del régimen no dedicaron una particular atención al adiestramiento de personal administrativo con el que se pudiera contar para el funcionamiento eficiente de la administración pública, que pudiera haberse proyectado al futuro como una nueva clase dirigente, de técnicos y políticos, preparados en los modelos de la economía moderna, de las relaciones internacionales o de la administración. En los últimos tiempos se hizo notar esta falta de cuadros políticos debidamente preparados.

Probablemente uno de los principales obstáculos para la eficientización del gobierno fascista fue el propio *Duce*, quien, a diferencia de Hitler, no sabía delegar funciones y se mostraba como un megalómano, celoso de cualquier otro jerarca fascista que pudiese oscurecer su imagen. En realidad el régimen, por voluntad del propio Mussolini, presentaba muy pocas posibilidades de selección o cambios en la clase política, sobre todo si se pretendía poner énfasis en el cargo sobre la persona; al igual que el *Duce*, los políticos fascistas personalizaban sus cargos y actuaban fuera de cualquier esquema administrativo, siguiendo solamente los lineamientos emocionales e ideológicos del *Duce* y los valores inamovibles del Partido.

19

Una resistencia silenciosa

Después de la firma de los *Pactos Letranenses*, el fascismo no pudo evitar la presencia activa de la Iglesia en la sociedad italiana. En 1931 se suscitó una polémica entre los grupos juveniles fascistas y los jóvenes de la Acción Católica a quienes se obstaculizaba toda participación política, por lo que habían centrado su atención en el campo educativo, buscando la introducción de toda clase de temas católicos en los planes de estudio. El conflicto se resolvió por medio de la intervención de destacados miembros del gobierno fascista y del Vaticano, quienes hicieron una nueva delimitación de los elementos católicos que podían introducirse en la educación fascista, además de fijar los límites de participación política de los miembros de la Acción Católica. Sin embargo, en esa época se fundó un organismo que aglutinó a muchos jóvenes que buscaban una alternativa diferente, y que fue la Federación de Universitarios Católicos. A diferencia del Partido Nacional Fascista, en las organizaciones católicas se preocupaban de formar una nueva clase dirigente para el futuro. A corto plazo, el régimen fascista mantenía un control directo y una efectiva manipulación de los jóvenes entusiastas. Pero cualquiera que fuese el desenlace del régimen fascista, la Iglesia estaba preparada hacer valer su presencia a largo plazo. Finalmente, la influencia de la Iglesia pudo ejercitarse sobre prácticamente todas las iniciativas culturales del régimen fascista, incluyendo la famosa *Enciclopedia Italiana*, en la que se hizo sentir la censura eclesiástica sobre los propios autores.

La educación de masas era monopolio del gobierno, pero tanto los programas de estudios como los libros de texto pasaban por un doble filtro: el del Estado y el de la Iglesia, lo que necesariamente limitaba las iniciativas ideológicas del Partido y creaba un clima de rivalidad con la Iglesia, además de que ésta no sólo competía con el gobierno en el plano educativo formal, sino en el resto de actividades de carácter recreativo, deportivo o de educación informal. Apoyándose en las tradiciones católicas de la población rural, los párrocos fueron adquiriendo un nuevo prestigio, ya fuera como consejeros u organizadores de eventos que reunían a la población al margen de las actividades fascistas. Apoyados por el Vaticano, las parroquias podían disponer de los medios técnicos para pasar películas o emisiones de radio por medio de altavoces. En los organismos católicos femeninos, el número de afiliadas llegó a equipararse a las que participaban en los grupos fascistas.

En suma, la Iglesia reforzaba con eficacia su influencia entre las masas, sin que por ello se opusiera al régimen fascista, pero sí puede considerarse que fue uno de los factores que dificultaron la implantación de un totalitarismo a ultranza, que era la tendencia del régimen.

Además de las tradiciones religiosas, en la esencia misma del régimen fascista se podrían encontrar las causas de su incapacidad de calar a fondo en el ánimo de las masas, pues su postura capitalista no podía ser sino favorable a los intereses de la clase acomodada, por lo que las condiciones que habían dado lugar a la acción socialista de los años precedentes seguía siendo vigente, a pesar del movimiento corporativista y de toda la parafernalia fascista; era inevitable la falta de armonía entre los intereses de las clases populares, intermedias y altas.

Entre 1921 y 1922, las *fascies* se habían desarrollado en mayor proporción en las zonas donde se habían producido con mayor intensidad los movimientos socialistas de obreros y campesinos. La violencia ejercida en aquellos tiempos en contra de los trabajadores socialistas y la disciplina represiva introducida por el régimen, lógicamente habían dejado una secuela de resentimientos no superados en la población. Al paso de los años, la respuesta de millones de trabajadores del campo y la ciudad hacia el fascismo se expresaba sobre todo en el terreno de la resistencia pasiva, del silencio o de la aversión moral.

El rechazo de las grandes masas populares se manifiesta solamente como un "apolitismo" inerte, lo que en gran parte era el resultado de la gran capacidad intimidatoria de las *fascies* y del estado policiaco. A pesar del aparente consenso, el régimen nunca pudo penetrar a fondo en el ánimo de una gran cantidad de ex militantes socialistas, comunistas o anarquistas, que en el fondo eran impermeables a la propaganda fascista. El lenguaje y los símbolos de la izquierda se convirtieron en una especie de esoterismo popular. El primero de mayo, cuya celebración había sido abolida por el régimen, era celebrado secretamente y en privado, a manera de modestas reuniones de amigos y conocidos. Muchos campesinos guardaban sus banderas rojas, ocultas en sus casas y ocasionalmente alguna de ellas aparecía ondeando sobre el campanario de la iglesia o sobre el árbol más alto de una colina. No era raro que aparecieran "graffiti" en contra del *Duce* o del gobierno, trazados de noche en los muros de los edificios públicos. Todas estas manifestaciones, además del constante "murmullo" popular en contra del régimen, indicaban la permanencia de un espíritu de independencia en la población, y la percepción, políticamente elemental, pero aguda en el plano psicológico, de la naturaleza hostil del fascismo y de su peligrosidad para las clases menos protegidas. El régimen tenía conocimiento de que los cimientos de la gran estructura social fascista estaban formados por millones de personas que seguían siendo individuos, y que se encontraban inquietos, resentidos, descontentos. Teóricamente, el sistema hubiese tenido que procurar la conquista de las masas apelando a la esperanza del bienestar económico, pero se conformaba con la intimidación y la manipulación, lo que daba por resultado la quietud y el silencio.

20

Los rostros del antifascismo

Para cualquier observador externo, el fascismo daba la impresión de ser un régimen muy popular, pues suscitaba el entusiasmo de las masas, que acudían en grandes oleadas a las manifestaciones públicas, haciendo el saludo romano con expresión de alegría en sus rostros. Pero en la realidad prosaica y menos vistosa de la vida cotidiana, aquel mar de entusiasmo se convertía en un océano de indiferencia.

Este clima moral de indiferencia, de resignación, de conformismo exterior y de escepticismo privado, según la lógica del fascismo, como de cualquier dictadura moderna, era un peligro latente, pues representaba el espacio ideal para la conservación y aun el reforzamiento de las tradiciones políticas de los adversarios. En efecto, el antifascismo tenía raíces profundas, diversas y muy extendidas en Italia. La gran actividad del régimen pudo tapar esas raíces, pero nunca eliminarlas.

Durante los veinte años del fascismo, la oposición permanece en estado latente, como una enfermedad cuyo desarrollo se contiene por medios artificiales, pero no se cura; de manera que no se podrá comprender plenamente la historia del fascismo sin atender al antifascismo que le es complementario. En esto se diferencia la dictadura italiana de la alemana. La presencia de las corrientes antifascistas durante todo el proceso de la dictadura contribuye a explicar el carácter de la resistencia armada entre 1943 y 1945, y también la fase histórica que sigue a la caída de la dictadura, en la que Italia se convierte en una república liberal, pero de tendencia socializante y democrática.

La gran actividad del régimen fascista pudo tapar las raíces del antifascismo, pero no eliminarlas.

21

La política exterior

La exaltación del nacionalismo y las reivindicaciones imperialistas eran las más "vistosas" características del patrimonio ideológico del fascismo desde su formación. Pero la traducción práctica de tales extremismos verbales resultaba en verdad limitada y frustrante para el régimen, por lo que Mussolini comienza a mirar al exterior, con la idea de aumentar el ámbito de influencia del fascismo y lograr una mayor presencia en el mundo.

Inicialmente, el viejo *establishment* conservador ejerció un cierto contrapeso al protagonismo veleidoso de Mussolini, por medio de la influencia que en 1926 ejercía el Secretario General del Exterior, Salvatore Contarini; pero el *Duce* se las arregló para deshacerse de Contarini y ocupar él mismo, en forma interina, el cargo de la política exterior, para insertar en el ministerio a Dino Grandi, quien ocupó el cargo de manera oficial de 1929 a 1932, elaborando una política exterior activa, por medio de una gran campaña propagandística y de apoyo a los grupos fascistas que se desarrollaron en muchos países, sobre todo tratando de incidir en la gran cantidad de italianos que habían emigrado a los Estados Unidos y que formaban comunidades importantes en varias ciudades de ese país.

Mussolini puso en marcha un programa de acción diplomática oculta, financiando en el exterior publicaciones de tendencia fascista, además de grupos anticomunistas e incluso terroristas, como en el caso de Yugoslavia, donde se produjo un fuerte movimiento popular de tendencia socialista.

Entre otras cosas, la finalidad de la política exterior de Mussolini era mostrar a todo el mundo, y en particular a la Sociedad de las Naciones, que el gobierno fascista se movía de manera autónoma, según su propia lógica y con la evidente disposición de intervenir en otros países. Por ejemplo, en 1923, en la isla griega de Corfú se produjo un atentado en contra de una misión militar italiana, lo que provocó una inmediata ocupación de la isla sin mayor trámite.

Durante toda la década de los veinte, la política exterior italiana sigue una línea de marcada hostilidad en contra de Francia, dado que ésta daba refugio a los antifascistas italianos y apoyaba los intentos independentistas de los países de la Europa central. Por otro lado, a principios de los años treinta, el gobierno fascista se empeñó en la dura y fatigosa tarea de la reconquista de Libia, la colonia adquirida en 1912 en una guerra de intervención a la que Mussolini se había opuesto con gran energía, pero que ahora apoyaba con el mismo ímpetu.

En esta guerra de "reconquista" se combatieron con métodos feroces todas las formas de resistencia, tanto las guerrillas como a las tribus nómadas que se solidarizaban con los rebeldes, y en este territorio se fueron experimentando algunos de los métodos fascistas que más tarde se emplearían en la propia Italia, como los campos de concentración, la tortura, la represión sistemática, los juicios sumarios y todos los métodos del colonialismo clásico, pero siempre en un "tono"fascista.

Además de Libia, el fascismo logró instalar un "protectorado" en Albania y estableció un "tutelaje" en Austria, cuyo gobierno se había inclinado a la extrema derecha y pretendía crear una especie de "austrofascismo", con la ayuda incondicional de Mussolini.

El régimen auspiciaba otros grupos paramilitares de derecha, como los terroristas de Croacia y los separatistas de Macedonia. Desde sus bases en Italia, por ejemplo, en 1934 partieron los terroristas que asesinaron en Marsella, durante una visita oficial, al rey Alejandro, de Yugoslavia y al ministro francés Barthou.

A partir de la crisis económica mundial que comenzó en 1929, se redoblaron las actividades fascistas en el exterior, puesto que el constante aumento del desempleo y la crisis de los mercados propiciaban la pobreza y la desesperación, sobre todo en los países industrializados, la propuesta fascista de la acción directa era bien recibida por los grupos más resentidos de la sociedad capitalista. Sin embargo, el régimen enfrentaba internamente los mismos problemas que los demás países, dado que su economía era también liberal y capitalista. En esas condiciones, Mussolini necesitaba canalizar la energía popular hacia fines que trascendieran la elemental búsqueda del bienestar familiar, y además crear un estatus de economía de guerra, para mantener en activo la producción. Así que Mussolini, en plena crisis económica, se decide a dar un paso clamoroso: lanzarse a la conquista de Etiopía.

La Elección de Etiopía como objetivo de una guerra exterior en realidad no tenía las raíces históricas que se invocaban, sino que simplemente se trataba del único territorio africano "disponible", puesto que en esa época todas las demás naciones eran colonias europeas o "protectorados". La empresa no era arriesgada en términos militares, pero sí diplomáticos, puesto que Etiopía era un país independiente y miembro de la Liga de las Naciones, por lo que el ataque, totalmente injustificado, produciría, con toda seguridad, una oleada de oposición cuyas consecuencias eran imprevisibles. La operación se planeó desde 1932, pero no fue iniciada sino hasta fines de 1934, cuando se produjo un conflicto fronterizo, probablemente provocado, entre la Somalia Italiana y Etiopía.

Para todo el mundo fue claro que Mussolini buscaba un pretexto para la invasión, misma que se realizó efectivamente hasta octubre de 1935, cuando los italianos comenzaron sus operaciones sin previo aviso ni declaración de guerra. Ante este hecho, el emperador de Etiopía, Haile Selassie se presentó ante el pleno de la Liga de las Naciones para solicitar la intervención de ese organismo. Se produjo entonces un repudio general de la actitud de los italianos, cuya intervención era a todas luces un desacato a los estatutos de la Liga, por lo que el 18 de noviembre de 1935 se impusieron una serie de sanciones económicas en contra de Italia, pero tibias e intrascendentes, al grado de que no se le impidió el libre comercio del petróleo, que desde luego era fundamental para su campaña militar.

De hecho la mayoría de los miembros fuertes de la Liga de las Naciones (incluyendo a los Estados Unidos) desacataron las sanciones e incluso favorecieron discretamente las ambiciones de Mussolini. Por su parte, el dictador de Italia supo sacar provecho tanto de la guerra como de las sanciones económicas, por un lado estimulando el orgullo nacional y la pasión bélica, y por otro, el supuesto "bloqueo" económico liberó al régimen de la responsabilidad de la pobreza interna, pues el pueblo italiano era objeto de un "odioso asedio económico", mientras que el poder económico se sacrificaba en la campaña "moral" de llevar a Etiopía la "civilización cristiana".

La campaña fue totalmente apoyada por la Iglesia Católica, por medio de una amplia obra de movilización propagandística, utilizando sobre todo a los párrocos de provincia. Entre otras medidas de gran fuerza emocional, se logró que una gran cantidad de esposas italianas siguieran el ejemplo de su reina, Elena, donando al Estado sus ajuares nupciales, supuestamente para que fuesen vendidos y convertidos en material bélico.

El "enemigo" era presentado como peligroso y bien armado, lo que era totalmente falso, pues el paupérrimo ejército de Haile Selassie no contaba sino con las viejas armas capturadas a los propios italianos en la anterior expedición intervencionista, en 1896. Mussolini, en cambio, probó en el campo etíope todo el armamento moderno que poseía, incluyendo su arma preferida: la aviación.

Bajo la dirección del mariscal Badoglio, las tropas italianas, con más de medio millón de hombres, avanzaron con facilidad dentro del territorio de Etiopía y entraron en Addis Abeba el primero de Mayo de 1936. Con este "gran triunfo", el *Duce* se cubrió de gloria, Vittorio Emanuele se convirtió en "Emperador de Etiopía" y el pueblo celebró ampliamente el triunfo, olvidándose de sus carencias, atribuyéndoselas a la guerra y a la incomprensión de las naciones. Puede decirse que ése fue el momento de mayor "consenso" popular en toda la historia del fascismo.

Sin embargo, la fractura diplomática con las potencias occidentales, era un hecho, sobre todo al nivel de la opinión pública, en especial en Inglaterra y Francia, donde ya se había desarrollado una marcada aversión al fascismo, independientemente de la tolerancia de sus gobiernos; por lo que, una vez terminada la campaña de Etiopía, se produjo para Italia una real condición de aislamiento en muchos aspectos, lo que propició un acercamiento más estrecho a la Alemania Nazi.

22

Alianza con Alemania

En el curso de la guerra de Etiopía, Hitler había ofrecido a Mussolini el carbón alemán, para sustituir el abastecimiento que los ingleses habían suspendido. La intervención de Mussolini fue aprovechada por los nazis para reocupar discretamente la Renania, sin que esta otra intervención fuera un tema principal en la Liga de las Naciones, aunque también era una violación a los tratados que se habían firmado en 1919 y que continuaban vigentes. Sin embargo, la protesta de Francia e Inglaterra por este hecho no tardó en dejarse sentir en el plano internacional, siendo éste, más que la guerra de Etiopía, el mayor motivo de preocupación, y el comienzo de la crisis que condujo a la Segunda Guerra Mundial.

El intento de explicar los hechos históricos reduciéndolos a la voluntad y la acción de los individuos es siempre una simplificación, y en la mayoría de los casos improcedente; sin embargo, el carácter unipersonal de las dictaduras de Hitler y Mussolini y el efecto que tuvo su personalidad en el desarrollo de la historia de sus pueblos durante sus respectivos mandatos, obliga a considerar factores personales en el desarrollo de los acontecimientos.

Adolfo Hitler tomó a Mussolini como modelo político desde la formación del fascismo, incluso en sú libro *Mi lucha*, expresa su admiración por el fascismo y su deseo de aplicarlo en Alemania. Cuando fue nombrado Canciller, en enero de 1933, manifestó que deseaba un poder igual al que había logrado tener Mussolini después de la *Marcha sobre Roma*.

Al parecer, en los primeros tiempos de su relación, la admiración no era recíproca; para el *Duce*, ya con larga experiencia en el poder, el pequeño austriaco, no era sino un arribista con visos de genialidad, pero no más que un imitador suyo; tal vez por eso se negó a darle una foto autografiada suya cuando le fue solicitada, lo que resulta muy significativo.

En el primer contacto oficial que tuvieron, Hitler tenía una gran desventaja. Mussolini llevaba casi doce años en el poder y tenía una gran experiencia diplomática. Por su parte, Hitler solamente llevaba un año y medio en un poder que, por ahora, resultaba todavía cuestionable; para Mussolini, aquel hombrecillo no era un invitado que había que tratar con deferencia y consideración, sino un discípulo que se esforzaba por imitar a su maestro. Aquella reunión, ocurrida en Venecia, era el primer viaje al extranjero que realizaba Hitler en toda su vida; él solamente hablaba alemán, mientras que Mussolini era políglota.

Mussolini miraba por encima del hombro a su huésped, y en Venecia todos los aplausos fueron para el *Duce*, quien escuchó la ovación acostumbrada cuando se asomó a un balcón de la Plaza de San Marcos, mientras la muchedumbre ni siquiera se enteraba de la presencia del pequeño canciller, quien se encontraba en otro balcón. Mussolini resumió la impresión que le causó Hitler diciendo que era un *pulcinella*: un títere. La visita a Venecia fomentó la idea de que Hitler era solamente el imitador de Mussolini, y que era un hombre más bien simpático que temible. Sin embargo, la historia se encargaría de confirmar que Hitler era el más fuerte y más peligroso de los dos dictadores en grado superlativo, y su personalidad era tan retorcida y llegaba a tales grados de monstruosidad que los arrebatos de cruel-

Benito Mussolini
y Adolfo Hitler.

dad de Mussolini, resultan pálidos e insignificantes en comparación.

La amistad entre los dos dictadores en realidad se desarrolló muy lentamente, y aun en pleno florecimiento se tiñó de suspicacia, celos, resentimientos y toda clase de emociones que pudieran nacer en dos megalómanos con características sociopáticas. Sin embargo, esta relación cambió radicalmente en los últimos tiempos de Mussolini, cuando éste llegó a considerarlo un verdadero amigo y trató de conformar sus acciones para no contrariar al *Führer*.

En septiembre de 1936 se iniciaron las consultas para la creación del llamado "Eje Berlín-Roma", que sellaría la alianza de ambos países; pero fue hasta un año después, en septiembre de 1937, que este proyecto se consolidó, con la visita de Mussolini a Alemania y la firma de los tratados pertinentes.

El *Duce* llegó a Munich el 25 de septiembre de 1937, acompañado de los principales jerarcas fascistas; ahí fueron recibidos por el propio Hitler y una selecta comitiva, para marchar juntos a Berlín, en donde se les había preparado un recibimiento en verdad apoteótico: banderas con los colores alemán e italiano cubrían las fachadas de las casas; en la noche lucían emblemas de las *fascies* y las águilas romanas doradas. En el automóvil descapotado en el que iban ambos mandatarios se recibían las aclamaciones de la multitud a su paso; los festejos siguieron todo ese día y alcanzaron su punto culminante en la tarde del día siguiente, cuando ambos dictadores se dirigieron a una multitud de "más de un millón de personas", según Hitler. La lluvia que caía con regularidad no consiguió deslucir la ceremonia. Hitler fue el primero en hablar, llamando a Mussolini *uno de aquellos hombres únicos que surgen de vez en cuando y que no son el producto de la historia, sino que son ellos los que hacen la historia.* Luego Mussolini ocupó el estrado y se dispuso a hablar:

> *Mi visita a Alemania y a su Führer, y el discurso que voy a pronunciar ante ustedes, constituyen acontecimientos memorables en la vida de nuestros pueblos y en la mía propia... El hecho de que yo haya venido a Alemania no significa que mañana pueda ir a otro sitio... Es principalmente en mi calidad de jefe de una revolución nacional que he querido dar a ustedes esta prueba firme y abierta de solidaridad con su revolución... El fascismo y el nazismo son dos manifestaciones del paralelismo histórico que une las vidas de nuestras dos naciones.*
>
> *Mi viaje a Alemania no tiene finalidades dobles ni propósitos ocultos. No estamos aquí con el propósito de dividir a Europa... A todos los pueblos del mundo que ansiosamente se preguntan qué podrá surgir de los acuerdos de Berlín, si la guerra o la paz, el Führer y yo respondemos juntos y en voz alta: ¡La paz!*

23

La anexión de Austria al reich alemán

Mussolini regresó de Alemania fortalecido, pero seguramente también humillado y resentido por lo que había hecho en su país aquel gracioso *pulicinella* que se decía su discípulo y lo había superado de tal manera que le había creado una intolerable sensación de inferioridad.

Sólo en base a la suposición de esta clase de sentimientos en el *Duce* se explican algunos de sus actos posteriores a esta visita: comparando a los italianos con los alemanes, seguramente dedujo que los militares italianos eran inferiores en todo, de que el soldado italiano no era tan duro como el alemán ni la escenografía fascista podía compararse con la perfecta organización nazi, capaz de convocar a un millón de personas perfectamente ordenadas quienes, en medio de la lluvia, permanecían firmes y dispuestas a ovacionar a su *Führer*. Así que el *Duce* decidió poner remedio a esa situación y comenzó a repetir, a manera de *slogan*, que era necesario "cambiar el carácter italiano", acusando a todos de su indolencia y pereza, en especial a la burguesía italiana, muy dada a la *dolce vita* en vez de la pasión productiva de los alemanes.

Como parte de ese programa de "germanización" de Italia, en diciembre de 1937, tomó la "histórica decisión" de hacer salir a Italia de la Sociedad de las Naciones, siguiendo el ejemplo de Hitler, quien lo había hecho cuatro años antes. Pero en lo que más se notó la "germanización" de Italia fue en algunas disposiciones que realmente tenían la finalidad de cambiar el estilo de vida italiano; entre ellas se incluía la abolición del "apretón de manos", que de ahora en adelante se consideraría muestra de debilidad, y en vez de ello se ordenaba usar el saludo romano en todas las formas de salutación, ya fuera entre familiares o amigos; se ordenaba también sustituir el tradicional *lei* por el *tu* latino, o el más respetuoso *voi*. Se introdujo en el ejército el tipo de marcha alemana, llamada "paso de ganso", que debía utilizarse en los desfiles y que el *Duce* llamó "paso romano", presentándolo como una creación propia.

La germanización de la cultura italiana representa la fuerte impresión que produjo en Mussolini el nacionalsocialismo en general y Hitler en particular. Pero lo que más pudiera ilustrar esta afinidad entre los dos dictadores es su conducta recíproca respecto de Austria. Desde mucho tiempo atrás, la posición italiana había sido inflexible en la defensa de la soberanía de Austria, desde antes de la Primera Guerra Mundial. El nuevo Reich alemán había manifestado, desde su formación, el objetivo de anexarse Austria como parte la "Gran Alemania"; pero había chocado siempre con la oposición italiana. A partir de la visita de Mussolini, y tal vez por acuerdos expresos, la situación cambió radicalmente y Mussolini se mostró completamente indiferente con la suerte de Austria.

En febrero de 1938, Hitler lanzó una fuerte arremetida contra al gobierno austriaco, llamándolo un acto de "alta traición", lo que era prácticamente una declaración de guerra. Tal vez Mussolini se sintió dolido por el hecho de no ser informado de los movimientos alemanes para reivindicar el territorio austriaco, pues comenzó una campaña diplomática para propiciar un arreglo pacífico que pudiese preservar la independencia de Austria. Pero el Führer hace

En 1938, Hitler lanzó una fuerte arremetida contra el gobierno austriaco.

caso omiso de esa campaña y el 11 de marzo ocupa Austria con facilidad y sustituye al gobierno por otro pronazi. Al día siguiente, Hitler envía una carta a Mussolini que comienza diciendo: *En esta hora preñada de destino, me vuelvo a vos, excelencia, para comunicaros una decisión que parece haber sido impuesta por las circunstancias, pero que ya es inmutable...* en otra parte de la carta, Hitler califica la invasión a Austria como "una acto de legítima defensa".

Mussolini pareció no molestarse por el retraso de ser informado ni por el falseamiento de los hechos, pues su secretario informó oficialmente: *El Duce está satisfecho y dice a Hesse que informe al Führer que Italia observa los acontecimientos con la calma más absoluta.*

Estos hechos fueron interpretados por muchos sectores de la sociedad italiana como una traición a Austria y una forma de sumisión hacia Alemania; la popularidad de Mussolini disminuyó casi tanto como antes de la guerra de Etiopía. Los italianos estaban muy poco enterados de las negociaciones diplomáticas entre Italia, Austria y Alemania, y en particular de las promesas recíprocas que hubieran podido hacerse los dos mandatarios, pero comprendieron que la brutal anexión de Austria había sido una sorpresa para el *Duce*.

Pocos días después, hablando ante la Cámara de Diputados, Mussolini trató de ocultar su decepción poniendo un delgado velo de justificaciones históricas, tratando de justificar la acción y diciendo que "cuando un hecho está predestinado, es mejor que se realice con nosotros y no a pesar nuestro, o, lo que sería peor aún, en contra nuestra".

Estas palabras no tranquilizaron a los italianos, por el contrario, no sabían qué lamentar más, si la tibia actitud de Mussolini ante las acciones de Hitler, o por haberse retractado de la consigna que repitió durante muchos años: "A Austria no se la toca". El gobierno recibió muchos telegramas de protesta, en los que se pedía que se suspendiera la visita de Hitler a Italia, fijada para comienzos de mayo, pero pronto habrían de verse defraudados.

24

Una ola de locura

En el verano de 1938, después de recibir con gran boato al Hitler en tierra italiana, Mussolini reanudó su campaña de "alemanización de Italia, ahora introduciendo uno de los elementos más perversos de la dictadura nazi: el antisemitismo.

La campaña antisemita se inició oficialmente el 14 de junio de 1938, con la publicación del *Manifesto della Razza* (*Manifiesto de la raza*), que era un documento pseudocientífico firmado por cinco profesores universitarios y varios "hombres de ciencia". Al final de la Segunda Guerra Mundial se reveló que el propio Mussolini había compilado la mayor parte del "manifiesto".

En este documento se leía: *La existencia de razas humanas no es una abstracción de nuestra mente, sino que corresponde a una realidad material, fenoménica, que nuestros sentidos pueden percibir... Existen razas grandes y pequeñas, superiores e inferiores, y el concepto de raza es puramente biológico. Como durante varios siglos no ha habido en Italia presencia de otras razas, existe ahora una raza italiana pura. La concepción del racismo en Italia debe ser esencialmente italiano y con una tendencia ario-septentrional... Esto significa que los italianos deben alzarse hasta el nivel de un ideal que les infundirá una mayor conciencia de sí mismos y una más elevada responsabilidad.*

En uno de sus discursos de esta época dice Mussolini:

Tenemos que meternos en la cabeza que no somos camitas, ni semitas, ni mongoles. Entonces, si no somos ninguna de estas razas, es evidente que somos arios... de tipo mediterráneo, puros.

Tras la publicación del manifiesto se incrementó rápidamente el ritmo de la campaña antisemita, que tenía como portavoz una revista de reciente fundación titulada *La Difesa della Razza* (*Le defensa de la raza*), secundada por la prensa diaria, que se dedicaba a machacar la conocida parafernalia nazi de "la gran conspiración judía" y la superioridad de la raza aria, a la que se habían adherido, como miembros casi honorarios, todos los italianos, ya fueran rubios o morenos, calabreses o de Milán.

25

En guerra

Italia participó activamente en la Guerra Civil Española, por supuesto al lado de los nacionalistas; pero al terminarse esta intervención e iniciarse las primeras acciones de conquista alemanas, primero sobre Checoslovaquia y más tarde sobre Polonia, Mussolini se vio marginado de estas conquistas, pues, en principio, Hitler no quería compartir sus glorias y había decidido no apoyar financieramente a Italia. Aquella forzada neutralidad de Italia no era la consecuencia de los sentimientos pacifistas del pueblo, ni el creciente odio y aversión que éste experimentaba hacia lo alemanes, sino la falta de armamento del ejército y de las divisas para adquirirlas.

Esta situación tenía al *Duce* inquieto y molesto, incluso resentido en contra de Hitler, que evidentemente lo mantenía en condiciones de marginación; aunque aparentemente sus sentimientos seguían siendo ambivalentes, pues en momentos clamaba contra el *Führer*, y un tiempo después manifestaba su admiración por él y sobre todo por sus conquistas.

A principios de 1939, cuando Hitler salió indemne del atentado que sufrió en una cervecería, Mussolini le envió un telegrama de felicitación, a pesar de que, según su inseparable secretario, Ciano, no sentía ninguna alegría por ello.

Inquieto, y sintiéndose condenado a la inacción, el *Duce* se entregaba a acariciar sueños de grandeza. En su opinión, los preparativos para la guerra iban por buen camino, y en la primavera estaría en posición de prestar ayuda en vez de recibirla. Requisaría todo el cobre de Italia, incluyendo el de las iglesias —"las iglesias no necesitan cobre, sino fe", decía—, y enviaría tres mil quinientas toneladas de ese metal a Alemania. Continuaba negándose a ver el descontento, las dificultades económicas, la escasez de alimentos, y sobre todo la antipatía del pueblo italiano hacia el régimen nazi. Cuando cesaron los envíos de carbón inglés, en vez de sentirse contrariado, el *Duce* manifestó satisfacción, diciendo que aquello estimularía a los italianos, quienes aprenderían a confiar en sus propios recursos. En esos tiempos, Mussolini expresaba con gran pesar ante sus allegados que se sentía humillado por "permanecer con los brazos cruzados mientras otros escriben la historia", y se quejaba de ser "el hazmerreír de Europa".

Pero en esto se equivocaba, pues nunca se le había tomado tan en serio en todo el mundo, pues en ese momento Italia era un peso en la balanza de la balanza que se inclinaba hacia el impedimento de un gran conflicto si Mussolini mantenía su neutralidad; en ese tenor se realizó la visita a Roma del Secretario de Estado, Mr. Sumner Welles, a fines de febrero de 1940, inmediatamente después de la invasión "relámpago" de Hitler a Polonia.

Las relaciones con Inglaterra se encontraban deterioradas a causa de que Mussolini se había negado a vender armamento a los británicos y ellos había respondido con la suspensión de los envíos de carbón, lo que preocupaba a los Estados Unidos, como aliados naturales de los ingleses. El secretario Welles también se entrevistó con Hitler, pero regresó a Roma para seguir sus conversaciones con Mussolini. Temiendo que Mussolini se dejase persuadir por los argumentos en metálico que pudieran esgrimir los americanos, Hitler envió a su Ministro de Asuntos Exteriores,

Von Ribbentrop, para recordar a Mussolini sus alianzas y concertar una reunión de ambos en fecha próxima.

La víspera de su partida para entrevistarse con el *Führer*, Mussolini recibió a Welles, quien comunicó al *Duce* que en Londres y París había encontrado un ambiente caracterizado por la prudencia y la moderación, y que en todas partes había constatado la simpatía con la que eran vistos los esfuerzos del *Duce* por salvaguardar la paz; sin embargo, encontró a Mussolini muy firme en su actitud de solidaridad con Alemania. Von Ribbentrop había conseguido desbaratar la bienintencionada gestión del presidente Roosevelt.

En encuentro entre los dos dictadores tuvo lugar el 18 de marzo en el Paso de Brennero. Mussolini esperaba a Hitler de un humor excelente; ambos no se habían visto desde los días de la conferencia de Munich, y si Mussolini esperaba ver a un Hitler con el mismo talante amable y hasta sumiso de la ocasión anterior, se llevo una gran decepción. El *Führer* se presentó con un nuevo aplomo, cordial como siempre, pero sin dar pie para dudar quien era el miembro dominante del Eje. En esa reunión se habló largamente acerca de las perspectivas de la guerra en Europa, y al finalizar, Hitler le dijo a Mussolini que él no le iba a pedir nada a Italia, pero que se hallaba convencido de que el destino de Alemania se encontraba indisolublemente unido al de Italia. En una anotación sobre esta entrevista, Ciano señala con decepción: *...Por lo que se refiere a los alemanes, una alianza con nosotros significa únicamente que el enemigo se vería obligado a inmovilizar cierto número de divisiones para vigilarnos, aliviando así la tensión del frente alemán. Eso es lo único que les importa.*

En marzo de 1938, Mussolini ya había anunciado que en caso de guerra asumiría el supremo mando de la milicia, siguiendo el ejemplo de Hitler, quien había tomado esa iniciativa apenas dos meses antes. En el caso del *Duce*, la pretensión era a todas luces anticonstitucional, pero en su momento no se tomó demasiado en serio, hasta la primavera de 1940 cuando, ante la gravedad de la situación, el rey opuso una inesperada resistencia, tratando de defender su máxima prerrogativa, que era el mando supremo de las fuerzas armadas; pero por alguna razón capituló, delegando ese derecho en quien ahora se ostentaba como Jefe de Estado.

Fue así que, por propia iniciativa y sin consultar con su gabinete o siquiera notificárselo, el 10 de junio de 1940, Mussolini declaró la guerra a Francia e Inglaterra. Francia sucumbía rápidamente bajo el avance arrollador de las divisiones acorazadas alemanas y la victoria parecía estar a la vuelta de la esquina, por lo que Mussolini consideraba oportuno sumarse a ese triunfo, diciendo ante el pueblo:

> *Una hora señalada por el destino ha sonado en el cielo de nuestra patria; la hora de las decisiones irrevocables... Si hoy nos resolvemos a afrontar los riesgos y sacrificios de una guerra, lo hacemos porque nuestro honor, nuestros intereses y nuestro futuro nos lo imponen férreamente. Un gran pueblo sólo es realmente grande cuando considera sagradas sus obligaciones y no rehuye la prueba suprema que determina el curso de la historia... Esta lucha gigantesca no es más que una fase en el desarrollo lógico de nuestra revolución; es una lucha de pobres e incontables seres contra quienes los condenan a morirse de hambre, detentando ferozmente el monopolio de las riquezas y de todo el oro de la tierra. Es la lucha de los pueblos fecundos y jóvenes contra pueblos que se han vuelto estériles y se hallan en plena decadencia. Es una lucha entre dos siglos y dos ideas... Nuestro lema no es más que uno, categórico y obligatorio para todos. Es un lema que ya ondea sobre nosotros e ilumina todos los corazones, desde los Alpes al Océano Índico: ¡Vencer! Y venceremos, para dar finalmente un largo periodo de paz y justicia a Italia, a Europa y al mundo.*
>
> *¡Pueblo italiano, empuña las armas y muestra tu tenacidad, tu bizarría y tu valor!*

La guerra fue reventando aquel globo inflado que era el fascismo, demostrando a las claras que Mussolini era más diestro en el manejo de la palabra que de la acción y que el poderío bélico de Italia sólo existía en su imaginación. Desde el comienzo de las operaciones, se notó la falta de unidad del Eje; Mussolini no llegó a ningún acuerdo concreto con Hitler acerca de la conducción de la guerra y no se estableció una verdadera coordinación entre ambos países, en gran parte por la obcecación del *Duce*, quien no quería hacer una guerra conjunta con Alemania, sino hacer su propia guerra al lado de Alemania. De esta manera quedaba en libertad de adoptar sus propias decisiones, según el capricho del momento y siguiendo el espejismo de las victorias "relámpago" que obtenía Hitler, y era tan grande su enajenación que estaba seguro de que la guerra terminaría en unos meses y que esa misma rapidez compensaría la falta de recursos y de preparación militar.

El poder concentrado en su persona era enorme, pues era Jefe de Gobierno, Comandante Supremo de todas las operaciones bélicas y ministro de la Guerra, de Marina y del Aire. Mussolini aprovechó este poder para improvisar la estrategia y la táctica, tomar decisiones sin tomar en cuanta a sus generales, cambiar de opinión arbitrariamente, dar órdenes directas sin respetar la línea jerárquica y exigir victorias imposibles. Con estos métodos había triunfado fácilmente en Etiopía y parecía no darse cuenta de aquella campaña con respecto a ésta, ni de la magnitud del enemigo que se estaba reuniendo en contra del Eje.

Las victorias de Hitler iban en aumento y su gloria crecía, mientras que el *Duce* se debatía entre los fracasos exteriores y la lucha por mantener la unidad interna. Pero en 1941 Hitler cometió el mayor de sus errores de cálculo y la guerra habría de tomar un curso totalmente distinto. La mañana del 22 de junio de 1941, el embajador alemán en Roma entregó a Mussolini una carta del *Führer*, en la que le comunicaba que había roto unilateralmente el pacto de no agresión con la Unión Soviética y había iniciado ya el ataque a Rusia, tomando con ello "la decisión más importante de su vida".

Mussolini debió comprender hasta qué punto era grave esta decisión, cuando recibió otro mensaje de Hitler, fechado el 30 de junio, en el que admitía que la resistencia rusa sobrepasaba todo lo esperado: *Durante ocho días hemos atacado, derrotado o destruido una brigada blindada tras otra. Sin embargo, ni su número ni su combatividad disminuyen en lo más mínimo. El soldado ruso lucha con un fanatismo verdaderamente estúpido.*

Pero lo que más le preocupaba era su propia participación en la campaña de Rusia, lo que en sus condiciones de extrema debilidad parecía una locura; el propio Hitler aseguró a Mussolini que no tenía prisa en recibir ayuda italiana: *Siempre podrá prestarme una ayuda decisiva reforzando sus posiciones en África del Norte.*

Tal vez estos señalamientos del *Führer* ofendieron a Mussolini, pues de inmediato envió tropas a Rusia, en principio utilizando sus fueros, pero en los meses siguientes tuvo que realizar una fuerte labor de convencimiento, amenaza y manipulación para evitar que su Estado Mayor se insubordinase ante la iniciativa de seguir mandando tropas al frente ruso. Las razones que aducía Mussolini para esta campaña era que las tropas enviadas en primera instancia debían ser sistemáticamente reforzadas, pues de otra manera serían fácilmente derrotadas; así que durante los tres meses siguientes fueron enviados al frente oriental 250,000 hombres, con pertrechos y vituallas que sólo les permitirían resistir un mes. Como es bien sabido, la suerte de estas tropas fue trágica: a comienzos de 1943, la mitad de las fuerzas italianas habían sido aniquiladas, hechas prisioneras o dispersadas.

A medida que la guerra seguía su curso y los italianos tenían un mayor contacto con los alemanes en diversos ámbitos, su aversión hacia ellos aumentaba. Corrían rumores acerca de lo s malos tratos que sufrían los obreros italianos en Alemania; lo que no era un mito, pues tanto el rey como Mussolini tenían informes en este sentido. Los soldados que regresaban del frente contaban que tanto en África como en Rusia, los alemanes se apropiaban de todos los medios de transporte, dejando que los italianos se retirasen a pie. Los italianos que participaban en las tomas de las ciudades se horrorizaban de cómo era sojuzgada la población y del trato que se daba a los judíos.

El *Duce* mismo parecía indignado por las actitudes de sus aliados. Llamó desleales a los alemanes cuando éstos firmaron el armisticio con Grecia sin consultarlo siquiera. Los acusó de no reconocer los derechos italianos en Yugoslavia. En una ocasión dijo a su secretario Ciano: *Son unos perros repugnantes y te seguro que esto no puede durar mucho.* Y en otra ocasión: *Me pregunto si ya figuramos entre las naciones vasallas. Y si no es así, lo será lo será el día de la victoria de Alemania. Son unos traidores y nunca tienen bastante.*

Frecuentemente se jactaba de estar construyendo fortificaciones en el *Vallo Alpino* "para cuando llegase el momento de guerrear con Alemania". Cuando los alemanes se apropiaron del petróleo de Rumania que Italia necesitaba desesperadamente, les llamó "salteadores" y "bandoleros". Ni el propio Hitler se libraba de su ira: *Por mi parte, ya tengo bastante de Hitler y de su modo de actuar. Estas conferencias convocadas tocando un timbre no son de mi gusto; el timbre se toca para llamar a los criados. Y además, ¿qué clase de conferencias son éstas? Durante cinco horas se me obliga a escuchar un monólogo aburrido y que no va a ninguna parte.*

Hitler convocaba a Mussolini con frecuencia, y generalmente por teléfono; es por ello el comentario de "tocar el timbre" para llamarlo. Pero Mussolini obedecía sin chistar, efectivamente como si fuera un sirviente, y de inmediato tomaba el avión para dirigirse a Salzburgo, Munich, Brennero, o al cuartel general del *Führer* en la retaguardia del frente oriental. También como expresaba el *Duce,* en estas entrevistas era solamente Hitler el que hablaba, aunque siempre con una amabilidad que llegaba al histrionismo, como apunta el propio Mussolini, al comentar la entrevista después de la derrota italiana en Grecia: *Ese hombre es un histérico. Cuando me dijo que nadie comprendía tanto mis desgracias como él, tenía lágrimas en los ojos. Todo esto es exagerado, quiere hacerme sentir demasiado su bondad, su generosidad, su superioridad y su poder.*

Por otro lado, Hitler observó:

> *Mis conversaciones con el Duce nunca suelen durar más de hora y media, y el resto del tiempo lo dedicamos a ceremonias. El único caso en que nuestras conversaciones duraron casi dos días fue con motivo de los reveses sufridos en Albania, pues entonces tuve que levantar los decaídos ánimos del Duce.*

La completa sumisión del *Duce* comenzó cuando Hitler, en 1941, escribió un mensaje a Mussolini con la finalidad de establecer las bases para la coordinación de las operaciones bélicas:

> *... a este fin yo desearía proponerle, Duce, contando con su asentimiento, que yo le envíe directamente, bajo la forma de recomendaciones y deseos, los puntos de vista generales necesarios para la totalidad de las operaciones. Entonces usted, Duce, como comandante supremo de las fuerzas armadas italianas, daría las órdenes necesarias.*

A lo que Mussolini contestó:

> *Estoy completamente de acuerdo con su propuesta acerca de la dirección conjunta de las operaciones, según la fórmula que me ha sometido.*

El pueblo italiano estaba desconcertado, después de haber recibido durante tantos años un condicionamiento psicosocial que los obligaba a pensar que el *Duce* nunca se equivocaba, ahora parecía que los estaba llevando por un camino de locura. Cada vez que Mussolini pronunciaba un discurso o se anunciaba que haría declaraciones, todo mundo esperaba que anunciaría la ruptura del Eje y la separación con Alemania; pero esto no sucedía y cundía el descontento, aun en los altos niveles de la jerarquía fascista.

Pero después de veinte años de dictadura, los italianos se encontraban dominados por la pasividad y parecían resignados a su suerte, incapaces para decidir cualquier acción que condujera a su propia liberación. No parecía probable que nada ocurriese, Mussolini estaba confiado en la lealtad de su pueblo; hasta que ocurrió el desembarco aliado en Sicilia, en junio de 1943.

26

La voluntad perdida

En el momento de su máximo poder, Mussolini, muy dado a las frases "lapidarias", había dicho: *Solamente Dios puede doblegar la voluntad fascista. Los hombres y las cosas, jamás.*

Pero a mediados de 1943 y ante el ya inevitable ingreso de las fuerzas aliadas en territorio italiano, la voluntad fascista se hallaba en verdad debilitada y había que tomar medidas objetivas para conservar la unidad nacional.

El 24 de julio se convocó a una reunión plenaria del Gran Consejo Fascista; después de pasar lista, Mussolini tomó la palabra:

> *La guerra ha llegado a un momento crítico. Lo que parecía, y todos consideraban como una absurda hipótesis... se ha convertido en realidad: la invasión del territorio italiano. En una situación como ésta, todas las corrientes oficiales y extraoficiales, abiertas o subterráneas que van contra el régimen, se han unido contra nosotros y hemos podido constatar ya síntomas de desmoralización en las mismas filas del fascismo. En estos momentos yo soy, ciertamente, el hombre más odiado de toda Italia.*

Aquella tarde, Mussolini habló ante el Gran Consejo durante dos horas seguidas, echando mano de cualquier argumento para justificar sus acciones. Primero se refirió al mando supremo de las fuerzas armadas, tratando de demostrar, documentos en mano, que aquello se le había impuesto:

> *Quiero decir de una vez para siempre que yo jamás solicité la delegación del mando supremo de las fuerzas armadas, que el rey me otorgó el diez de junio. La iniciativa de ello pertenece al mariscal Badoglio.*

Luego pasó a examinar la dirección de la guerra con gran detalle, atribuyendo la culpa de todos los reveses a los generales, aduciendo que él nunca había dirigido las batallas en su aspecto técnico... excepto una, que terminó en victoria.

Los miembros del Gran Consejo estaban perfectamente enterados de aquellos hechos y no esperaban un informe al respecto. Sobre todo no esperaban aquella lamentable evasión de la propia responsabilidad, culpando a otros de los propios errores. Los consejeros esperaban que Mussolini les informara acerca de su reciente encuentro con Hitler, en la que supuestamente el *Duce* plantearía a su aliado la necesidad de la capitulación de Italia y los métodos más honorables para hacerlo.

Pero el *Duce* no se refirió a esa entrevista, pues en ella había sido humillado por Hitler, al grado de que prácticamente le ordenó seguir luchando hasta el fin, prometiéndole el envío de algún material de guerra para su defensa.

Ante el Gran Consejo, Mussolini no quiso revivir aquella humillación, admitiendo que en aquella ocasión, como en muchas otras, él había adoptado la actitud de un muchacho regañado por su profesor, sin atreverse a defender la única posición viable para Italia en esos momentos. En vez de hablar de eso, prefirió la retórica y el planteamiento del problema, en vez de su solución: ¿rendición incondicional o lucha hasta el fin?...

Cuando por fin dejó de hablar, algunos de los presentes tomaron la palabra; con un atrevimiento inusual en ellos defendieron al ejército, trataron de aclarar algunas afirmaciones hechas por él y en general criticaron su actuación durante la guerra, en especial su entreguismo a los alemanes. Dino Grandi, el presidente de la De la Cámara de Fascios y Corporaciones, dijo lo siguiente:

Usted cree contar con la devoción del pueblo; pero la perdió el día que unió a Italia con Alemania. Usted se considera un soldado... permítame decirle que Italia se perdió el mismo día en que usted se puso los galones dorados de mariscal en su gorra... En esta guerra hemos tenido cien mil muertos, y hay cien mil madres que claman: "¡Mussolini ha asesinado a mi hijo!"

Después de esta terrible entrada de su intervención, Grandi pasó a leer su moción, que consistía en la propuesta de que todas las instituciones nacionales asumieran de nuevo sus primitivas funciones y responsabilidades, con lo que el rey volvía a hacerse cargo del mando supremo de las fuerzas armadas y de la iniciativa para todas las decisiones fundamentales. Esta iniciativa causó una gran agitación y acaloradas discusiones, que duraron hasta bien entrada la noche. Después de un breve receso, Mussolini tomó la palabra:

Tengo sesenta años —dijo—. Ahora ya puedo contemplar estos últimos veinte años como una maravillosa aventura que ha terminado. En tales circunstancias, incluso podría pensar en ponerle fin definitivamente... pero no lo haré. El rey, así como el pueblo, están a mi lado. La moción de Grandi llama a escena a la corona; es más una invitación al rey que al gobierno. Ahora quedan dos alternativas: el rey puede decirme: "Mi querido Mussolini, últimamente las cosas no han ido muy bien, pero después de una fase difícil en la guerra puede venir otra mejor; tú empezaste y tú continuarás. Pero el rey tam-

bién puede decir, lo que es más probable: "Señores del régimen: ahora que se hunden se acuerdan de que existe una Constitución... y que, además de la Constitución, hay un rey; bien, como me han acusado de haber violado la Constitución del reino durante veinte años, salgo a las candilejas y acepto su invitación; pero como los considero responsables de la situación, aprovecharé la maniobra de ustedes para liquidarlos de un solo golpe.

Indudablemente, aquellas palabras contenían una amenaza; parecían un chantaje. Algunos consejeros habían firmado la moción de Grandi antes de entrar a la reunión... ¿Saldrían con vida del Palazzo Venezia? Todos ellos estaban armados, Grandi y Ciano traían bombas de mano ocultas en sus ropas; pero no tuvieron necesidad de sacarlas, a pesar de que en algunos momentos la tensión parecía desembocar en la violencia. Se presentaron otras mociones, Ciano habló dos veces, en tono firme, pero deferente, la primera atacando a los alemanes, y la segunda en contra de la moción del secretario del Partido Fascista. Finalmente, se decidió votar la moción de Grandi, que era la única decisoria; pero antes el *Duce* pidió la palabra para jugarse la última carta, que era en verdad ingenua y casi ridícula, pues dijo que tenía en sus manos algo que cambiaría la suerte de la guerra a favor del Eje, pero que por el momento prefería no revelar de qué se trataba.

Por último, el *Duce* pidió que se pusiera a votación la moción de Grandi: diecinueve consejeros votaron a favor de ella, siete en contra y hubo dos abstenciones. Con un gesto de gran decepción, Mussolini se levantó, y dijo con aspereza:

Ustedes han provocado la crisis del régimen. Se levanta la sesión.

Durante dos días se mantuvo a Mussolini en Roma, en el cuartel de *carabinieri,* mientras por las calles el populacho daba rienda suelta a su júbilo en locas manifestaciones de alegría, destruyendo símbolos fascistas y sobre todo las imágenes del *Duce* que encontraban a su paso. Durante aquellos dos días sus captores no se preocuparon de proporcionarle las mínimas comodidades, e incluso se olvidaron de llevarle comida o ropa para cambiarse; pero él no protestó en lo más mínimo, parecía resignado a su condición de héroe caído.

Badoglio le envió un telegrama confirmándole que las medidas adoptadas se debían únicamente a la preocupación que inspiraba la seguridad del *Duce,* pues se sabía de la existencia de un complot par asesinarlo. Como nuevo jefe del gobierno italiano, Badoglio le prometió que lo enviaría bajo todas las garantías al lugar que eligiese. Mussolini indicó la *Rocca delle Caminate,* a donde iba a refugiarse cuando necesitaba descanso y tranquilidad, y donde esperaba pasar el resto de sus días. Pero cuando lo llevaron a Gaeta, y de ahí a la isla de Ponza, en lugar de donde él había pedido, no protestó; parecía tranquilo, pero hundido en una total apatía.

La isla de Ponza fue durante la época fascista un lugar de confinamiento para enemigos políticos. Muchos antifascistas había pasado por ahí, e incluso algunos de ellos todavía eran prisioneros en la isla. Entre ellos se encontraban dos hombres que habían sido importantes en la vida de Mussolini: Tito Zaniboni, quien había atentado contra su vida, y Pietro Nenni, quien había sido su amigo íntimo, pero que al oponerse a la dictadura había caído en desgracia política. A ninguno de ellos le fue permitido acercarse al nuevo prisionero. Sus custodios se hallaban preocupados por la posibilidad de que los ingleses trataran de secuestrarlo o matarlo, o bien que los alemanes intentaran rescatarlo, lo que en las condiciones de seguridad de la isla parecía muy factible; fue por ello que se decidió trasladarlo a otra isla la Magdalena, en Cerdeña, más alejada de los alemanes, con una base naval italiana, y cómoda para el

Benito Mussolini estuvo detenido dos días en Roma, en el cuartel de *carabinieri*.

hospedaje de Mussolini. Fue ahí donde, con motivo de su sexagésimo aniversario, recibió un regalo del *Führer*: una edición especial de las obras completas de Nietzsche.

A causa del merodeo de aviones alemanes sobre la isla Magdalena, las autoridades decidieron moverlo una vez más, ahora al continente, hasta los Apeninos, donde lo hospedaron en el lugar habitable más alto de las montañas, que era en realidad un refugio alpino. Ahí fue donde se enteró, por medio de la radio, de la rendición de Italia, que los aliados habían desembarcado en Calabria y Salermo, que el rey y Badoglio habían huido de Roma y la confusión reinaba en las filas del ejército. En otra emisión, de la radio de Berlín, escuchó que, entre las condiciones del armisticio, figuraba la entrega de su persona a los aliados, lo que lo deprimió profundamente.

El domingo 12 de septiembre, a las dos de la tarde, Mussolini se encontraba tomando el sol de la montaña cuando se escuchó el zumbido de motores de avión; de uno de los aparatos se desprendió un planeador, el cual aterrizó en un campo próximo al albergue, de él salieron varios hombres armados con metralletas y pronto aparecieron otros planeadores que traían más hombres armados. Los *carbinieri* se precipitaron fuera del albergue, mientras que por el teleférico llegaban unos cuarenta paracaidistas alemanes. Entre los hombres que saltaron del primer planeador, Mussolini reconoció a un general italiano y gritó a los carabinieri que bajaran las armas, pues estaban en presencia de un superior. Los soldados alemanes llegaron al albergue vitoreando al *Duce* y le comunicaron que venían a liberarlo; Mussolini les contestó: *Desde el primer día supe que el Führer me daría esta prueba de amistad.*

Mussolini fue sacado de la montaña en una pequeña avioneta; de un campo mayor se abordó un avión mayor que lo llevó a Viena, y al día siguiente Mussolini fue llevado a Munich, donde lo esperaba su esposa Raquel y sus dos hijos menores, que habían sido rescatados por los alemanes de la Rocca delle Caminate.

27

La República fascista de Saló

Al ser rescatado y llegar a Alemania, Mussolini no era ya un hombre vigoroso, seguro de sí mismo y de indomable voluntad, sino una sombra de sí mismo, un ser consumido por la enfermedad, para el que ya era un gesto habitual el oprimirse el vientre con una mano, como para señalar su dolor más que para calmarlo. Sus ropas estaban raídas y arrugadas por los varios días en que incluso había dormido vestido. Era un hombre disminuido física y moralmente.

Costaba reconocerlo. Una fotografía que se publicó en Italia y en la que aparecía con sus libertadores produjo un gran estupor, tanto que muchos italianos se negaron a creer que aquel hombre fuese en realidad Mussolini. El 18 de septiembre habló por la radio para dirigirse al pueblo italiano desde Alemania, pero su voz era tan opaca y desprovista de la emocionalidad que antes le caracterizaba que los italianos no podían creer que fuese el *Duce* quien hablaba. Corrió la voz de que se trataba de un doble vagamente parecido a Mussolini y que el verdadero había muerto..

El dictador de Alemania había organizado el rescate de Mussolini porque quería restaurar la dictadura fascista en Italia, pero para eso necesitaba al hombre vigoroso que había conocido, no esta ruina humana en la que se había convertido el *Duce*, así que lo confió a su propio médico, que en realidad era un curandero esotérico llamado Theodor Morell. Según los apuntes del diario de Goebbels, Morell no encontró a Mussolini tan grave como parecía estar y creía que podía restablecerse totalmente, lo que en verdad sucedió, pues en tres meses Mussolini recuperó su aspecto habitual, y comenzaron las maniobras para la recuperación del poder, bajo la estricta tutoría de Hitler.

Es probable que incluso sin las presiones e intimidaciones de Hitler, Mussolini hubiese cedido tarde o temprano a la tentación de volver a la escena para representar de nuevo su papel de dictador. En su estado de profunda depresión no hubiera tenido la energía suficiente para intentarlo; pero al presentársele la orden inflexible por parte de su amigo y personal dictador Adolfo Hitler, le volvió el alma al cuerpo y se lanzó a la empresa de la reconquista del poder, trabajando intensamente en los preparativos para la fundación de una *República Social Italiana.* El 18 de septiembre anunció su programa político en una conferencia radiofónica:

> *La República que queremos establecer* —declaró— *será nacional y social en el más amplio sentido de la palabra. Es decir, será fascista en el sentido más puro. Mientras esperamos que el movimiento se desarrolle hasta hacerse irresistible, nuestros postulados son los siguientes: Primero: Continuar la lucha al lado de Alemania, del Japón y los demás aliados. Segundo: Preparar inmediatamente la organización de nuestras fuerzas armadas en torno al núcleo representado por la milicia. Tercero: Eliminar a los traidores. Cuarto. Destruir a los plutócratas parasitarios (sic) y convertir finalmente el trabajo en la base de la economía y los cimientos indestructibles del Estado.*

En realidad, la nueva República no era más que una mascarada organizada por Hitler para distraer a los aliados y retardar el mayor tiempo posible la ocupación de Italia. Se decidió ubicar la capital de la nueva República en las orillas del lago Garda, en la población de Saló, de ahí el nombre del nuevo Estado

El presidente de la República de Saló era, por supuesto, Benito Mussolini; pero realmente mandaban el embajador alemán, Rudolf Rahn, y el jefe de la S.S., Karl Wolf. Todos los nombramientos que hacía el nuevo gobierno tenían que llevar el refrendo alemán. Cada funcionario italiano, de la categoría que fuese, tenía asignado un funcionario alemán adjunto. Con el pretexto de que la guerra lo requería, los alemanes ocuparon Trieste, Istria y el Tirol meridional.

Mussolini trató de reorganizar el ejército, poniéndolo bajo las órdenes del mariscal Graziani. Pero muchos oficiales y soldados no acudieron a su llamado y no tardaron en producirse deserciones entre los jóvenes reclutas, quienes eran llevados a Alemania para recibir instrucción militar. Todo el material de guerra que se encontraba en buenas condiciones fue requisado por los alemanes, a quienes no les importaba en realidad la capacidad defensiva del ejército italiano, lo que ellos necesitaban eran obreros para la retaguardia y la industria de guerra.

Al sentirse atrapado en una situación en la que su capacidad de decisión era prácticamente nula, Mussolini caía en estados neuróticos que lo llevaban de la total melancolía a momentos de cólera incontenible.

Mussolini se había establecido en la población de Gargnano, donde habitaba con su familia en un modesto palacio, y por lo menos en el ambiente familiar todo iba bien; hasta que llegó Claretta Petacci, quien era una de las amantes preferidas de Mussolini, quien había dado pie para un fuerte escándalo a principios de la guerra, aunque no por sus relaciones con el *Duce*, pues eso era perfectamente sabido y tolerado, sino por las actividades ilegales de su familia, quines aprovechaban la cercanía de Claretta con el *Duce* para enriquecerse por medio de turbios manejos financieros.

Después de la caída y arresto de Mussolini, los Petacci fueron encarcelados en el norte de Italia, pero cuando pusieron en libertad a Claretta, de inmediato fue en busca de su amante, instalando su residencia en las orillas del lago Garda, a pesar de la desaprobación y la abierta hostilidad de los fascistas que rodeaban a Mussolini y, por supuesto de Raquel, la esposa, quien de hecho nunca había tenido una auténtica vida familiar con Benito; sin embargo, al sentirse viejo y enfermo, el *Duce* afirmaba tener el derecho al cariño de Claretta y por lo tanto se negaba a separarse de ella, a pesar de los reproches de su esposa y sus allegados.

Un problema distinto era el que tenía con su hija Edda. Cuando Mussolini llegó a Alemania, después de haber sido rescatado del Gran Sasso, encontró a Galeazzo Ciano, a Edda y los tres hijos de ambos viviendo en una villa cerca de Munich, prácticamente en condiciones de prisioneros. Entonces se enteró de que después de la reunión del Gran Consejo, a Ciano se le había negado el visado para trasladarse a España, porque se le acusaba de acumulación ilícita de riqueza durante los años del régimen fascista y fue llamado a juicio; pero Ciano pudo escapar a la policía y con la ayuda de Edda y la embajada alemana pudieron salir de Italia, instalándoseles en Munich, con la idea de partir desde ahí hacia España y después a Sudamérica; pero los alemanes no podían dejar en libertad a un ex funcionario del régimen fascista que tenía mucha información y además, según él mismo había dicho, pretendía escribir y publicar sus memorias en el extranjero.

En Alemania, Mussolini celebró una larga entrevista con su hija Edda y dos conversaciones con Ciano, lo que los alemanes interpretaron como una reconciliación, lo que no les gustó. Poco después fue interceptada una carta amenazadora de Edda a su padre, lo que hizo pensar que Ciano pretendía chantajear a su suegro. Cuando se estableció el nuevo gobierno fascista, Ciano fue entregado a la policía italiana y se le encarceló en un castillo de Verona.

Si acaso había existido alguna reconciliación entre Mussolini y Ciano, ésta fue muy breve. Una de las primeras medidas de la República de Saló consistió en establecer un tribunal especial en Verona para juzgar a los "traidores del Gran Consejo". Algunos consejeros de Mussolini, entre ellos su ministro de Justicia, le dijeron que la acusación de "traición" no tenía una base legal, pues el Gran Consejo tenía derecho a presentar mociones y votarlas, no existiendo pruebas de una confabulación previa; por consiguiente la acción de Grandi y la posterior resolución del Consejo era perfectamente legal; aunque con las nuevas leyes de la República fascista, el juicio sólo podía dar por resultado la pena de muerte para los acusados. Mussolini respondió a este planteamiento:

> *Usted solamente ve el aspecto jurídico del juicio... yo debo verlo en una perspectiva política. Las razones de Estado tienen precedencia sobre cualquiera otra consideración... Proceda usted sin detenerse en ninguna otra consideración, teniendo únicamente en cuenta la conciencia y la justicia.*

De todos los que habían votado a favor de la moción de Grandi, solamente cinco, entre los que se encontraban Ciano y De Bono, se encontraban en poder de los fascistas, los demás se habían puesto a salvo.

Edda luchó desesperadamente por salvar a su marido, pues comprendía que el juicio era un farsa y que lo que el *Duce* reclamaba era venganza, aun en contra de su propio yerno; pero las súplicas y amenazas de la hija resultaron inútiles, y el 11 de enero de 1944, todos los acusados fueron ejecutados.

Pocas horas antes de la ejecución, Mussolini recibió una carta de su hija Edda, quien se había refugiado en Suiza junto con sus hijos, y en ella lo amenazaba con hacer publicar el diario de su esposo si éste no era puesto en libertad antes de tres días. Esta carta produjo una gran inquietud en Mussolini, quien dijo, según refiere su secretario: *La publicación de este diario, que se propone demostrar que los alemanes han cometido con nosotros innumerables canalladas, incluso durante el periodo de plena alianza, podría tener en estos momentos irreparables consecuencias.*

Es muy posible que la actitud inflexible de Mussolini se debiera en parte a la presión de Hitler. Tal vez Mussolini confiaba en recuperar la confianza de Hitler y su propia independencia de acción, demostrando que era capaz de ser tan frío e implacable como los propios alemanes. Si fue así, se equivocó completamente, porque aquel juicio no cambió en nada las cosas. El sacrificio de Ciano, en el caso de que haya sido una víctima propiciatoria inmolada en el altar de los dioses germanos, no conmovió al sumo sacerdote. Hitler no envió a su amigo una sola palabra de elogio o comentario, e hizo como si todo ese asunto lo dejara indiferente. Mussolini continuó siendo lo que era, lo que ya habían comenzado a llamarle: "el prisionero de Gargnanano.

Mussolini tenía la esperanza de recuperar la confianza de Hitler y su propia independencia de acción.

28

El final

Los dos últimos encuentros entre Mussolini y Hitler tuvieron lugar en abril y julio de 1944. El primero de estos encuentros se celebró en un espléndido castillo cercano a Salzburgo, y no tuvo más trascendencia que el escenario en que se celebró. En esa ocasión, Mussolini se quejó ante Hitler de las actitudes de los alemanes en la República de Saló y del modo como estos intervenían en su gobierno. También le pidió un mejor trato para los soldados italianos que se encontraban concentrados en los campos alemanes, y que de hecho recibían un trato similar al de los prisioneros de guerra. Tras la rendición de Italia, numerosas divisiones italianas que se encontraban en el sur de Francia, en Albania, en Grecia y en otros lugares dominados por los nazis fueron abandonadas a su suerte por el gobierno de Badoglio, que no disponía de los medios para repatriar a esos soldados; por esa razón, los alemanes simplemente los desarmaron e internaron en campos de concentración. En julio de 1944, la cifra de estos internos era de aproximadamente 700,000. Sabiendo que eran sometidos a malos tratos, Mussolini intentó abogar en su favor, pero para el *Führer*, aquellos eran "badoglianos", traidores y "comunistas", por lo que incluso reprendía al *Duce* por su blandura al defenderlos.

La segunda y última entrevista entre ambos dictadores

se celebró en el cuartel general de Hitler en Rastemburg, el 20 de julio: Mussolini y su séquito tenían motivos para suponer que algo insólito había ocurrido; después de la última parada antes de llegar a su destino, el tren que los transportaba recibió órdenes de avanzar a media marcha, con las ventanillas cerradas y las cortinas corridas. En Rastemburg, Hitler en persona estaba esperando a Mussolini en el andén, como había hecho otras veces, pero ahora estaba pálido y desencajado, además de que llevaba la mano derecha vendada. Las primeras palabras del *Führer* fueron desconcertantes: *Duce, me han enviado una máquina verdaderamente infernal.* Viendo la expresión de sorpresa de Mussolini, se llevó el índice al cabello que en parte estaba quemado y dijo que tenía lesionados los dos tímpanos y varias contusiones en la espalda. Hacía apenas dos horas se había salvado milagrosamente de la explosión de una bomba de relojería que mató e hirió a cuatro miembros de su escolta. Mostrando una flema sorprendente, el *Führer* condujo a Mussolini hasta el cobertizo donde había tenido lugar el atentado y le mostró las paredes chamuscadas, el techo hundido y el uniforme que llevaba al explotar la bomba.

Como ambos creían en los poderes sobrenaturales, interpretaron la salvación de Hitler como un buen presagio. El *Führer* se encontraba más convencido que nunca de que el destino lo había marcado para llevar a feliz término su empresa común, y Mussolini dijo que compartía su opinión; aunque este optimismo mágico era en verdad extralógico, pues los aliados ya habían ocupado Roma y desembarcado en Normandía, obligando a los ejércitos alemanes a retroceder en todos los frentes.

Hitler estaba furioso por el atentado, y paradójicamente de buen talante con su huésped, de manera que en esa ocasión Mussolini consiguió arrancarle varias concesiones para su gobierno, para las divisiones italianas que se instruían en Alemania y para los soldados italianos internados en los campos de concentración. En aquella ocasión,

Hitler se despidió con estas palabras: *Sé que puedo contar con usted, y espero que crea que lo considero como mi mejor, tal vez mi único, amigo.*

En aquella ocasión, cuando se dirigía a visitar al *Führer*, Mussolini se detuvo en Baviera, con objeto de pasar revista a las cuatro divisiones italianas instruidas por los alemanes y que casi estaban a punto de regresar a Italia. El gran entusiasmo con que lo recibieron aquellos soldados, fue como un tónico para su espíritu y hasta mejoró su estado físico. A su regreso Gargnano, telegrafió al *Führer*:

> *De regreso a Italia, en la hora en que la providencia ha querido salvarlo, por amor al pueblo alemán y por un mejor futuro en Europa, es mi deseo, Führer, reafirmar que ante la fe de los soldados de la República italiana que se adiestran en Alemania y el valor indomable de sus tropas, preveo los más favorables auspicios para la Alemania nacionalsocialista y la Italia fascista contra las fuerzas de la reacción que se han aliado con el bolchevismo. Acepte, Führer, mis sentimientos de inmutable amistad y camaradería.*

El optimismo de Mussolini era puramente superficial, y era dictado por un desmedido orgullo, que no le permitía admitir la derrota. Pero en lo más profundo de su ser, su pesimismo aumentaba, junto con su apatía y la comprensión de que los acontecimientos terminarían por rebasarlo. Las pocas acciones políticas que podía realizar eran totalmente ineficaces. Decidió movilizar a toda la República para resistir el avance del enemigo, decretando que todos los hombres entre los dieciocho y los sesenta años, que no pertenecieran a las fuerzas armadas, debían inscribirse en un cuerpo auxiliar de Camisas Negras. Con la finalidad de atraer antiguos antifascistas a las filas de un nuevo fascismo socialista, Mussolini prometió libertad de prensa y de palabra. Intentó captarse a las masas promoviendo una legislación social, pero cuando nacionalizó varias industrias, los obreros miraron sus reformas con gran suspicacia; para ellos aquél era el mismo socialista de 1924, el hombre que se dedicó después a favorecer a las clases acomodadas, abandonando la defensa de los intereses obreros; era el mismo hombre que había negado a la clase trabajadora derechos tan fundamentales como el derecho de huelga o los sindicatos independientes, utilizando su poder para perseguir a los socialistas más destacados. Sin embargo, en las condiciones en que se encontraba ahora, sus planteamientos eran sinceros, pues el retomar antiguos ideales era el reconocimiento desesperado de la ruina de sí mismo y de su régimen.

Pero la realidad se le venía encima, y su República se reducía constantemente a medida que avanzaban los ejércitos aliados, y ese avance era únicamente contenido por la acción de los ejércitos alemanes, pues ya los italianos no se encontraban en la disposición de luchar por su *Duce*. A medida que el territorio de la República iba siendo invadido, los antifascistas, alentados por los triunfos aliados, formaban grupos de diversos matices políticos para atacar a la República desde el interior; eran los llamados "partisanos" o guerrilleros, los Comités de Liberación Nacional, las Escuadras de Acción Patriótica y otros grupos varios; a todos ellos se les generalizaba como la "Resistencia". Desorganizados al principio, estos diferentes grupos se unieron para luchar por la causa común en cuanto comprendieron que se aproximaba el momento de la liberación total. Entonces los grupos de la Resistencia establecieron contacto con los aliados, obtuvieron su ayuda y organizaron una verdadera guerra de guerrillas, afrontando las salvajes represalias nazis. Varios pueblos italianos fueron saqueados y sus habitantes ametrallados en su totalidad. Pero la Resistencia logró liberar por sí misma algunas zonas de la República.

Mussolini frecuentemente prorrumpía en arrebatos de cólera contra los alemanes a causa de su despiadada conducta. Impotente para hacer valer sus protestas ante sus aliados, también observaba cómo la guerra seguía avanzando con el mismo paso firme e implacable, avanzando hacia al norte de Italia, territorio de su República.

Los acontecimientos se precipitaron cuando el general alemán Karl Wolff, quien era jefe de la policía de la República Social Italiana, inició negociaciones con los aliados para la rendición de las tropas alemanas en Italia, sin informar de ello a Mussolini. Por su parte, el *Duce* negociaba en secreto un cese de hostilidades a través del cardenal Schuster, arzobispo de Milán. Los aliados replicaron que no tenían la menor intención de tratar con Mussolini y exigieron la rendición incondicional. El cardenal Schuster creyó que no era prudente transmitir esta respuesta.

Pero antes de que cualquier negociación fructificara en algo concreto, la actividad de la Resistencia logró una insurrección general en Italia septentrional, y el pueblo se unió a las fuerzas aliadas para luchar en contra de los alemanes y los fascistas.

El 18 de abril de 1945, Mussolini abandonó Gargnano para trasladarse a Milán donde ocupó algunas de las habitaciones del palacio Monforte, sede del gobierno de la provincia. Probablemente confiaba en reorganizar su gobierno desde ahí, pero su salud empeoraba en la medida en que iba perdiendo su poder y la derrota parecía inevitable; mas su caída emocional fue aún más grave, perdiendo toda la fuerza de voluntad que había reunido durante su aventura de la República de Saló. A partir de ese momento, una vez más se encontró inhabilitado para tomar decisiones; sus acciones comenzaron a ser erráticas o basadas en fantasías, ya no en un sentido de realidad. En estas condiciones, el 20 de abril, convocó a una reunión de Gabinete para organizar sus planes de resistencia; pero sus propuestas eran tomadas como las de un enajenado, pues ya nadie en su sano juicio creía en la salvación de la espuria República y del régimen fascista.

Dos días después recibió un largo telegrama del *Führer*, desde su refugio bajo tierra de la cancillería del Reich, en el que le decía que el bolchevismo y el judaísmo unidos habían traído al suelo alemán "sus fuerzas destructoras, con el propósito de precipitar a nuestro continente en el caos"; pero también reafirmó su convicción de que el pueblo alemán, "con su heroísmo sin precedentes", cambiaría el curso de la guerra.

La tarde del 25 de abril, mientras las primeras formaciones motorizadas de los partisanos entraban en Milán, entre las aclamaciones de miles de personas, Mussolini se dejó persuadir para que tratase de llegar a un acuerdo con los jefes de la Resistencia, en presencia del cardenal Schuster. En plena discusión, llegó a los reunidos la noticia de que los alemanes se habían rendido. Presa de gran irritación y seguro de que había caído en una trampa, Mussolini abandonó el palacio episcopal y regresó al Palazzo Monforte. Su doctor personal observó que "su rostro estaba terriblemente contraído, y pálido como la muerte". No solamente estaba profundamente impresionado por la derrota del régimen nazi, sino también encolerizado contra el cardenal Schuster, quien al escuchar también la noticia, en vez de confortarlo, solamente le había dicho: "Arrepiéntete de tus pecados, hijo mío".

Se instó a Mussolini para que abandonase Milán y se dirigiese a Como, acompañado por un reducido contingente de tropas alemanas y fascistas. De su hombro pendía una metralleta cuando entró en el automóvil, como si el actor que había en él quisiera caracterizar su papel hasta el fin. Se detuvieron en Como para pasar la noche. Raquel estaba ahí con sus hijos menores, pues ella se había refugiado en Como cuando abandonó Gergnano; pero no era prudente que se vieran o que pudieran huir juntos, por lo que Mussolini se limitó a hablar por teléfono con su mujer, quien trató de consolarlo diciéndole que todavía había muchos italianos dispuestos a morir por él, a lo que Mussolini contestó: *Estoy solo, Raquel, y comprendo que esto es el fin de todo.*

Y tenía razón, estaba solo; él nunca había abierto su corazón a sus semejantes y ahora se hallaba rodeado por una atmósfera glacial que él mismo había suscitado. Había hecho caso omiso de la dignidad y los derechos humanos, y había tratado a los hombres solamente como medios para la realización de sus ambiciones y la satisfacción de su sed de poder. En aquellos momentos sufría las consecuencias y veía cómo todos lo abandonaban. Cuando los ejércitos aliados penetraron en las ciudades italianas, el mismo pueblo que antes lo vitoreaba con lágrimas en los ojos ahora hacía lo mismo con sus enemigos. Su ejército se disgregaba y su propia guardia personal se había esfumado. Sus colaboradores más íntimos también estaban huyendo, tratando de ponerse a salvo con sus familias, incluyendo a su hijo Vittorio, quien había entrado en negociaciones con los aliados para acelerar la rendición de los jerarcas fascistas. Su mujer, Raquel, prefirió entregarse a los americanos para salvar su vida y la de sus hijos, pues temía al odio de los partisanos. Solamente su fiel amante, Claretta Pettaci hizo todo lo posible para estar con él hasta el final.

El 26 de abril, a muy temprana hora de la mañana, Mussolini y un reducido grupo de seguidores partieron de Como en dirección de Valtellina, tomando la carretera que bordea la orilla occidental del lago y deteniéndose en Menaggio para esperar la llegada de la columna que habría de servirles de escolta, sin saber que su pretendida escolta ya se había rendido al Comité de Liberación Nacional. Desesperados, algunos miembros de la comitiva de Mussolini se adelantaron para inspeccionar la viabilidad de la carretera que conducía a Suiza, pero fueron apresados por los guardias fronterizos que se habían unido a los partisanos. Sólo escapó uno de los hombres, quien regresó donde los suyos para informarles que la huida a Suiza era imposible. Ese día se unió al grupo Claretta Petacci, y al amanecer del 27 de abril el grupo se unió a una escuadra motorizada alemana que se retiraba hacia el Norte. Salieron de Menaggio y apenas habían recorrido poco más de quince kilómetros cuando se encontraron con un árbol caído en la carretera, además de piedras que habían sido colocadas por los partisanos a manera de barricada. La columna se detuvo y aparecieron algunos guerrilleros armados. El oficial alemán que mandaba la columna fue conducido al cuartel general de los partisanos, los soldados alemanes obtuvieron el permiso para continuar a condición de que no llevaran italianos con ellos, y les advirtieron que los vehículos serían registrados cuando pasasen por Dongo, un pueblo situado a pocos kilómetros de distancia. El segundo al mando de la columna decidió entregar a los viajeros italianos, con excepción de Mussolini a quien protegió, colocándolo entre las tropas y vestido con un abrigo de soldado alemán, de manera que pudiera pasar inadvertido.

Hacia las tres de la tarde la columna llegó a Dongo y comenzó la inspección de los vehículos. Mussolini permanecía acurrucado en lo profundo de la caja de uno de los camiones, envuelto en el capote alemán y con el sombrero ocultándole el rostro, fingiendo que dormía. Pero fácilmente fue reconocido por los partisanos y hecho prisionero; no opuso la menor resistencia; uno de sus captores escribió más tarde:

> *Tenía la mirada ausente... el rostro del color de la cera. Su barba oscurecía el mentón, subrayando la palidez de sus mejillas. Tenía los ojos amarillentos... era un hombre espiritualmente muerto.*

Mussolini fue llevado a un puesto fronterizo situado en las montañas que dominaban al pueblo. Ahí sostuvo una breve conversación con jóvenes partisanos, antes de retirarse a pasar la noche en un cuartucho que hacía las veces de celda. Pero a las pocas horas lo despertaron para decirle que iba a ser trasladado a otra parte. Los partisanos temían perder su presa, pues los aliados buscaban afanosamente al *Duce*, pero el alto mando de las fuerzas italianas de liberación había decidido que los principales fascistas, responsables de veinte años de dictadura, debían ser capturados, retenidos y juzgados por italianos.

Por esta razón, y para que su prisionero no fuese reconocido, vendaron la cabeza de Musolini para que pareciese un partisano herido. El jefe de los partisanos, conocido como "Pedro", y una muchacha vestida de enfermera lo acompañaron hasta un automóvil. Así descendieron de las montañas y tomaron la carretera de la orilla del lago, la misma que había recorrido Mussolini la víspera. No tardaron en encontrar otro automóvil. Ambos vehículos se detuvieron y todos sus ocupantes se apearon en la oscuridad. Una mujer se encaminó hacia Mussolini, era Claretta Petacci quien había sido detenida en el primer retén de los partisanos, pero que al conocer la noticia de la detención de su amante había suplicado que se le permitiera reunirse con él para compartir su suerte, lo que le fue concedido.

En la madrugada del 28 de abril, muy temprano, los dos automóviles continuaron su marcha hacia el Sur, en dirección a Menaggio y Como. A las tres y media de la madrugada llegaron a una cabaña de campesinos partidarios de los partisanos, quienes les dieron alojamiento esa noche. A las cuatro de la tarde del día siguiente, un oficial de los partisanos, conocido como "coronel Valerio", llegó para llevarse a los prisioneros, pues ya se había convocado un tribunal militar en Dongo. De hecho, ese tribunal ya había juzgado a Mussolini *in absentia*, lo había encontrado culpable de múltiples crímenes y lo había condenado a muerte. Igual sentencia había sido dictada en contra de los diecisiete jerarcas fascistas que acompañaban a Mussolini.

El coronel Valerio condujo a Mussolini y Claretta Petacci al exterior de la casa y todos descendieron por un empinado camino en dirección a un automóvil, acompañados por varios partisanos. El automóvil tomó por una carretera vecinal y se detuvo en un lugar llamado Giulino de Mezzegra. Los dos prisioneros fueron obligados a ponerse de pie frente a un muro bajo, a dos metros de distancia uno del otro. Según un testigo presencial, Claretta le preguntó a su amante si estaba contento de que lo hubiera acompañado hasta el final.

Valerio leyó a Mussolini su sentencia de muerte y luego él y los demás partisanos hicieron fuego.

TÍTULOS DE ESTA COLECCIÓN

Adolfo Hitler
Agustín de Iturbide
Alejandro Graham Bell
Alejandro Magno
Antonio López de Santa Anna
Beethoven
Benito Mussolini
Buda
César Borgia
Charles Chaplin
Conde Cagliostro
Confucio
Cristóbal Colón
Dante Alighieri
Diana de Gales
Emiliano Zapata
Ernest Hemingway
Ernesto Che Guevara
Federico Nietzsche
Gandhi
Hernán Cortés
Jesús
John F. Kennedy
Joseph Fouché
Juan Diego
Juan XXIII
Juana la Loca
Julio César
Karl Marx
Leonardo Da Vinci
Lucrecia Borgia
Mahoma
Marco Polo
María Antonieta
María Tudor
Marilyn Monroe
Miguel Ángel
Mozart
Napoleón
Pancho Villa
Pitágoras
Porfirio Díaz
Rasputín
San Francisco de Asís
Sigmund Freud
Sor Juana Inés de la Cruz
William Shakespeare

Este libro se terminó de imprimir
en los talleres de Castillo
y Asociados Impresores,
Camelia 4, col. El Manto,
México, D.F.